Olla De Cocción Lenta

Recetas De Cocina Lenta Para Personas Inteligentes

(Recetas Únicas Y Nutritivas)

Grato Ponce

Publicado Por Daniel Heath

© Grato Ponce

Todos los derechos reservados

*Olla De Acción Lenta: Recetas De Cocina Lenta Para Personas Inteligentes
(Recetas Únicas Y Nutritivas)*

ISBN 978-1-989837-14-6

Este documento está orientado a proporcionar información exacta y confiable con respecto al tema y asunto que trata. La publicación se vende con la idea de que el editor no esté obligado a prestar contabilidad, permitida oficialmente, u otros servicios cualificados. Si se necesita asesoramiento, legal o profesional, debería solicitar a una persona con experiencia en la profesión.

Desde una Declaración de Principios aceptada y aprobada tanto por un comité de la American Bar Association (el Colegio de Abogados de Estados Unidos) como por un comité de editores y asociaciones.

No se permite la reproducción, duplicado o transmisión de cualquier parte de este documento en cualquier medio electrónico o formato impreso. Se prohíbe de forma estricta la grabación de esta publicación así como tampoco se permite cualquier almacenamiento de este documento sin permiso escrito del editor. Todos los derechos reservados.

Se establece que la información que contiene este documento es veraz y coherente, ya que cualquier responsabilidad, en términos de falta de atención o de otro tipo, por el uso o abuso de cualquier política, proceso o dirección contenida en este documento será responsabilidad exclusiva y absoluta del lector receptor. Bajo ninguna circunstancia se hará responsable o culpable de forma legal al editor por cualquier reparación, daños o pérdida monetaria debido a la información aquí contenida, ya sea de forma directa o indirectamente.

Los respectivos autores son propietarios de todos los derechos de autor que no están en posesión del editor.

La información aquí contenida se ofrece únicamente con fines informativos y, como tal, es universal. La presentación de la información se realiza sin contrato ni ningún tipo de garantía.

Las marcas registradas utilizadas son sin ningún tipo de consentimiento y la publicación de la marca registrada es sin el permiso o respaldo del propietario de esta. Todas las marcas registradas y demás marcas incluidas en este libro son solo para fines de aclaración y son propiedad de los mismos propietarios, no están afiliadas a este documento.

TABLA DE CONTENIDO

PARTE 1 11

1. FRIJOLES REFRITOS SIN REFRI 12
2. RELLENO COCIDO A FUEGO LENTO 12
3. PURÉ DE PATATAS QUE SE DERRITE EN LA BOCA 13
4. GRATINADO DE PATATAS CON JAMÓN........................ 14
5. MAÍZ CREMOSO... 14
6. GUISANTES DE OJO NEGRO PICANTES EN OLLA DE COCCIÓN LENTA 15
7. CAZUELA DE PATATA DULCE EN OLLA DE COCCIÓN LENTA 15
8. TORTILLA OCCIDENTAL 16
9. FRIJOLES CASEROS 17
10. PATATAS COCIDAS A FUEGO LENTO........................... 17
11. FRIJOLES AL ESTILO DE TEXAS 18
12. PATATAS CON PURÉ DE AJO..................................... 18
13. FRIJOLES A LA CHARRA (FRIJOLES PINTOS)................ 19
14. CREMA DE MAÍZ EN COCCIÓN LENTA......................... 20
15. CAZUELA HASH BROWN... 20
16. DELICIOSAS CALABAZAS Y MANZANAS COCIDAS A FUEGO LENTO 21
17. PATATAS CON QUESO.. 21
18. FRIJOLES BANDITO.. 22
19. FIDEOS HÚNGAROS... 22
20. FRIJOLES A LA BARBACOA COCIDOS A FUEGO LENTO 23
21. CREMA DE ESPINACAS 24
22. COL FORRAJERA... 25
23. FRIJOLES AL HORNO CON ARCE Y JENGIBRE............... 25

24. JAMÓN Y GRATINADO DE PATATAS 26

25. FRIJOLES CALIENTES COMO LAVA 27

26. GUISANTES DE OJO NEGRO PICANTES CON CHIPOTLE 28

27. CHUCRUT A LA DULCE OLLA DE COCCIÓN LENTA 29

28. MAÍZ CREMOSO CON CEBOLLA Y CEBOLLETAS EN OLLA DE COCCIÓN LENTA 29

29. ZANAHORIAS CHINAS 30

30. PATATAS CON CHAMPIÑONES A FUEGO LENTO 31

31. MACARRONES CON QUESO EN MODO FÁCIL 31

32. CEBOLLAS CARAMELIZADAS 32

33. ARROZ COCIDO LENTO 32

34. POLENTA CON CHEDDAR 33

35. COL ROJA CON MANZANAS Y ESPECIAS 33

36. PAN CON PICADILLO DE SALCHICHA 34

37. FRIJOLES Y VERDURAS AL ESTILO MEDITERRÁNEO 35

38. MAÍZ EN MAZORCA CON HIERBAS Y MANTEQUILLA DE AJO   35

39. ZANAHORIAS AL CURRY 36

40. REMOLACHAS ASADAS 36

PARTE 2 38

INTRODUCCIÓN 39

CAPÍTULO 1: PRESENTANDO LA "EXPRESS MULTI-COOKER" 41

¿QUÉ ES LA "EXPRESS MULTI-COOKER"? 43
¿CUÁLES SON LAS VENTAJAS DE LA MULTI-COOKER? 46

CAPÍTULO 2: MANTENIMIENTO Y SEGURIDAD DE LA "EXPRESS MULTI-COOKER" 48

USANDO LA "MULTI-COOKER" SIN PELIGRO. 50
BÚSQUEDA DE FALLOS EN LA "MULTI-COOKER" 51

CAPÍTULO 3: UTILIZANDO EL AJUSTE DE COCCIÓN A PRESIÓN 56

Cocinando a Presión paso-a-paso 56
Convirtiendorecetas de cocimiento lento a coción a presión. 58

CAPÍTULO 4: DESAYUNOS 61

Pastel de Huevos con Tocino (Cocción a Presión) 62
Pastel de Huevo y Carne (Cocción a Presión) 64
Cacerola de Desayuno Clásico (Cocción Lenta) 65
Patatas con Queso (Cocción Lenta) 67
Yogurt de Semilla de Vainilla (Cocción Lenta) 68
Avena de Coco-Limón (Cocción a Presión) 71
Avena en hojuelas con fruta (Cocción Lenta) 72
Tostadas a la Francesa con Nutella-Fresa (Cocción Lenta) .. 74
Rollos de Canela Escarchados con Naranja (Cocción Lenta) 75
Tostadas a la Francesa, de Frambuesa (Cocción a Presión) ... 78

CAPÍTULO 5: TERNERA + CORDERO 81

TerneraBourguignon (Cocción Lenta) 82
TerneraMongola (Cocción Lenta) 84
Carne a la Stroganoff (Cocción a Presión) 85
Costillitas con Sésamo y Jengibre (Cocción Lenta) 87
Faldón de Ternera con Paprika y Chili (Cocción Lenta) 89
Tortitas de Carne a la Salisbury (Cocción a Presión) 91
Bife con Patatas para Noches de Semana (Cocción Lenta) 93
Picadillo de Ternera y Patatas (Cocción a Presión) 95
Curry Sencillo de Cordero (Cocción Lenta) 97
Pierna de Cordero al Ajillo (Cocción a Presión) 99

CAPÍTULO 6: AVES 101

Emparedados de Pollo Teriyaki (Cocción a Presión) 101
Pollo en Mantequilla (Cocción Lenta) 103
Pollo y Bolas de Masa (Cocción Lenta) 105
Pollo en Barbacoa Hawaiana (Cocción a Presión) 107
Cordon Bleu de Pollo (Cocción Lenta) 109
Pollo Buffalo Fácil (Cocción Lenta) 110
Pavo en Salsa Verde + Arroz (Cocción a Presión) 112
Pechuga de Pavo con Salsa Gravy (Cocción a Presión) 113

Pavo Dijon + Salsa Gravy (Cocción a Presión) 115
Pavo de Acción de Gracias (Cocción Lenta)........................ 117

CAPÍTULO 7: PUERCO 119

Chuletas de Cerdo con Miel y jengibre(Cocción Lenta) 121
Chuletas de Cerdo en Miel y Mostaza (Cocción a Presión) .. 122
Asado de Cerdo con Salsa Gravy de Arce (Cocción Lenta)... 124
Carnitasde Puerco (Cocción Lenta) 126
Lomo de Cinta con Sidra de Mora (Cocción a Presión) 128
Puerco Estofado en Leche de Coco (Cocción Lenta)............ 130
Plato Completo de Chuletas de Cerdo (Cocción a Presión) . 132
Costillitas a la Dr. Pepper (Cocción Lenta) 133
Panceta de Cerdo para Principiantes (Cocción a Presión).... 135
Jamón Glaseado Clásico (Cocción a Presión) 137

CAPÍTULO 8: MARISCOS Y PESCADOS 140

Salmón Sencillo con Arce (Cocción Lenta) 140
Merlango Cremoso con Espinaca (Cocción a Presión)........ 142
Camarones Hervidos (Cocción Lenta) 144
Paella de Camarón (Cocción a Presión).............................. 145
Mejillones, Arroz, y Patatas (Cocción Lenta) 147
Camarones Picantes con Ajo y Jengibre (Cocción Lenta) 149
Camarones Alfredo (Cocción a Presión) 151
Risotto Rápido de Camarón (Cocción a Presión) 153
Salmón Dulce y Picante (Cocción Lenta) 155
Bacalao estilo Thai con Salsa de Piña (Cocción a Presión) .. 156

CAPÍTULO 9: SOPAS + ESTOFADOS............................... 159

Sopa de Pollo y Patatas (Cocción Lenta) 160
Sopa Lasagna (Cocción Lenta) 161
Estofado de Res (Cocción a Presión) 163
Sopa de Pollo Parmesano (Cocción Lenta) 165
Sopa de Pollo y Fideos (Cocción a Presión) 167
Sopa dePollo Cremoso con Arroz Integral (Cocción Lenta) 169
Sopa Clásica de Tomate (Cocción a Presión) 171
Sopa Picante de Calabaza (Cocción Lenta) 173
Sopa de Coliflor con Queso (Cocción a Presión) 174

Estofado de Almeja (Cocción a Presión) 176

CAPÍTULO 10: VEGANA **179**

Chili con Quinoa (Cocción Lenta) 179
Estofado de Lentejas al Estilo Masala (Cocción Lenta) 181
Tazón de Tacos (Cocción Lenta) 183
Sopa Minestrone (Cocción a Presión) 184
Risotto de Calabacín-Mantequilla + Espinaca (Cocción a Presión)   186
Arroz con Tofu (Cocción Lenta) 188
Curry de Coco y Tofu (Cocción a Presión) 190
Peras Escalfadas (Cocción a Presión) 191

CAPÍTULO 11: TENTEMPIÉS + BOCADILLOS **194**

Dip de Pollo Buffalo (Cocción Lenta) 195
Alitas de Pollo Buffalo (Cocción a Presión) 196
Dip Sencillo de Espinaca (Cocción Lenta) 198
Hummus (Cocción a Presión) 199
Champiñones en Vino Tinto (Cocción Lenta) 201
Frijoles Pintos con Cerdo (Cocción a Presión) 202
Dip de Queso (Cocción Lenta) 204
Dip Fiestero de Cangrejo (Cocción Lenta) 206
Albóndigas Agridulces de Pavo (Cocción a Presión) 207
ArrozVegano Fácil (Cocción a Presión) 209

CAPÍTULO 12: CONDIMENTOS **212**

Salsa para Spaguetti (Cocción Lenta) 213
Salsa Boloñesa (Cocción a Presión) 214
Ketchup hecha en Casa (Cocción Lenta) 216
Salsa Picante Habanero (Cocción a Presión) 218
Condimento Relish Serrano (Cocción Lenta) 219
Cebollas Caramelizadss (Cocción a Presión) 221
Mermelada de Tocino (Cocción Lenta) 223
Salsa Barbacoa de Arce-Chipotle (Cocción a Presión) 225

EPÍLOGO **227**

Parte 1

1. Frijoles Refritos Sin Refri

Para 15 porciones.

Lo que necesitará:
1 cebolla pelada y cortada por la mitad
3 tazas de frijoles pintos secos, enjuagados
1/2 chile jalapeño fresco, sin semillas y picado
2 cucharadas de ajo picado
5 cucharaditas de sal
1 3/4 cucharaditas de pimienta negra molida fresca
1/8 cucharadita de comino molido, opcional
9 tazas de agua

Qué hacer:
Coloque la cebolla, los frijoles enjuagados, el jalapeño, el ajo, la sal, la pimienta y el comino en una olla de cocción lenta. Vierta en el agua y revuelva para combinar. Cocine a fuego alto durante 8 horas, agregando más agua según sea necesario. **Nota:** si se ha evaporado más de 1 taza de agua durante la cocción, entonces la temperatura es demasiado alta.

Una vez que los frijoles se hayan cocido, debe colarlos y reservar el líquido. Machaque los frijoles con un triturador de patatas, agregando el agua reservada según sea necesario para lograr la consistencia deseada.

2. Relleno Cocido a Fuego Lento

Para 16 porciones.

Lo que necesitará:
1 taza de mantequilla o margarina
2 tazas de cebolla picada
2 tazas de apio picado
1/4 taza de perejil fresco picado
12 onzas de champiñones rebanados
12 tazas de cubos de pan seco
1 cucharadita de condimento para aves
1 1/2 cucharadita de salvia seca
1 cucharadita de tomillo seco

1/2 cucharadita de mejorana seca
1 1/2 cucharadita de sal
1/2 cucharadita de pimienta negra molida
4 1/2 tazas de caldo de pollo, o según sea necesario
2 huevos batidos
Qué hacer:
Derrita la mantequilla o la margarina en una sartén a fuego medio. Cocine la cebolla, el apio, los champiñones y el perejil con la mantequilla, revolviendo frecuentemente.
Coloque los vegetales cocidos sobre los cubos de pan en un tazón grande. Sazone con condimento para aves, salvia, tomillo, mejorana, sal y pimienta. Vierta suficiente caldo para humedecer y mezcle los huevos. Transfiera la mezcla a la olla de cocción lenta y cubra.
Cocine a fuego alto durante 45 minutos, luego reduzca el fuego a bajo y cocine de 4 a 8 horas.

3. Puré De Patatas Que Se Derrite En La Boca

Para 8 porciones.
Lo que necesitará:
5 libras de patatas rojas cortadas en trozos
1 cucharada de ajo picado, o al gusto
3 cubos de caldo de pollo
1 lata (8 onzas) de crema agria
1 paquete (8 onzas) de queso crema, ablandado
1/2 taza de mantequilla
Sal y pimienta al gusto
Qué hacer:
En una olla grande con agua hirviendo ligeramente salada, cocine las patatas, el ajo y el caldo hasta que las patatas estén tiernas pero firmes, aproximadamente 15 minutos. Escurra y reserve el agua. En un tazón, haga puré de patatas con crema agria y queso crema, agregando agua reservada según sea necesario para lograr la consistencia deseada.
Transfiera la mezcla de patatas a una olla de cocción lenta, cúbrala y cocine a fuego lento durante 2 a 3 horas. Justo antes

de servir, agregue la mantequilla y sazone con sal y pimienta al gusto.

4. Gratinado De Patatas Con Jamón

Para 8 porciones.
Lo que necesitará:
3 libras de patatas peladas y cortadas en rodajas finas
1 taza de queso cheddar rallado
1/2 taza de cebolla picada
1 taza de jamón cocido picado
1 lata (10.75 onzas) de crema de champiñones condensada
1/2 taza de agua
1/2 cucharadita de ajo en polvo
1/4 cucharadita de sal
1/4 cucharadita de pimienta negra
Qué hacer:
Coloque las patatas en rodajas en la olla de cocción lenta. En un tazón mediano, mezcle el queso rallado, la cebolla y el jamón. Mezcle con las patatas en olla de cocción lenta. Usando el mismo tazón, mezcle la crema condensada y el agua. Sazone al gusto con ajo en polvo, sal y pimienta. Vierta uniformemente sobre las patatas.
Cubra y cocine a fuego alto durante 4 horas.

5. Maíz Cremoso

Para 10 porciones.
Lo que necesitará:
1 1/4 paquetes (16 onzas) de granos de maíz congelados
1 paquete(8 onzas) de queso crema
1/2 taza de mantequilla
1/2 taza de leche
1 cucharada de azúcar blanco
Sal y pimienta al gusto
Qué hacer:

En una olla de cocción lenta, coloque el maíz, el queso crema, la mantequilla, la leche y el azúcar. Sazone con sal y pimienta al gusto.

Cocine en alto durante 2 a 4 horas, o en bajo durante 4 a 6 horas.

6. Guisantes De Ojo Negro Picantes En Olla De Cocción Lenta

Para 10 porciones.
Lo que necesitará:
6 tazas de agua
1 cubito de caldo de pollo
1 libra de guisantes secos de ojo negro, clasificados y enjuagados
1 cebolla cortada en cubitos
2 dientes de ajo picados
1 pimiento rojosin semillas cortado en cubitos
1 chile jalapeño sin semillas picado
8 onzas de jamón picado
4 rebanadas de tocino picadas
1/2 cucharadita de pimienta de cayena
1 1/2 cucharaditas de comino
Sal al gusto
1 cucharadita de pimienta negra molida
Qué hacer:
Vierta el agua en una olla de cocción lenta, agregue el cubo de caldo y mezcle para disolver. Coloque los guisantes de ojo negro, la cebolla, el ajo, el pimiento, el jalapeño, el jamón, el tocino, la pimienta de cayena, el comino, la sal y la pimienta; revuelva para mezclar. Cubra la olla y cocine a fuego lento durante 6 a 8 horas hasta que los frijoles estén tiernos.

7. Cazuela De Patata Dulce En Olla De Cocción Lenta

Para 8 porciones.
Lo que necesitará:
2 latas (29 onzas) de patatas dulces, escurridas y hechas puré
1/3 taza de mantequilla derretida

2 cucharadas de azúcar blanco
2 cucharadas de azúcar moreno
1 cucharada de jugo de naranja
2 huevos batidos
1/2 taza de leche
1/3 taza de nueces picadas
1/3 taza de azúcar moreno
2 cucharadas de harina para todo uso
2 cucharaditas de mantequilla derretida

Qué hacer:
Engrase ligeramente una olla de cocción lenta.
En un tazón grande, mezcle las patatas dulces, 1/3 taza de mantequilla, el azúcar blanco y 2 cucharadas de azúcar moreno. Bata con el jugo de naranja, los huevos y la leche. Transfiera esta mezcla a la cazuela preparada.
En un tazón pequeño, combine las nueces, 1/3 taza de azúcar moreno, harina y 2 cucharadas de mantequilla. Extienda la mezcla sobre las patatas dulces. Cubra la olla de cocción lenta y cocine en alto durante 3 a 4 horas.

8. Tortilla Occidental

Para 12 porciones.

Lo que necesitará:
1 paquete (2 libras) de patatas hash brown congeladas y trituradas
1 libra de jamón cocido cortado en cubitos
1 cebolla cortada en cubitos
1 pimiento verde sin semillas y picado
1 1/2 tazas de queso cheddar rallado
12 huevos
1 taza de leche
Sal y pimienta al gusto

Qué hacer:
Engrase ligeramente una olla de cocción lenta de 4 cuartos o más. Coloque 1/3 de las patatas hash brown en una capa en el fondo. Encima, ponga una capa con 1/3 de jamón, cebolla,

pimiento verde y queso cheddar. Repita las capas dos veces más. En un tazón grande, mezcle los huevos y la leche, y sazone con sal y pimienta. Vierta sobre el contenido de la olla de cocción lenta.

Cubra, y cocine a fuego lento durante 10 a 12 horas.

9. Frijoles Caseros

Para 12 porciones.
Lo que necesitará:
3 tazas de frijoles secos, remojados durante la noche o hervidos durante una hora
1 1/2 tazas de salsa de tomate
1 1/2 tazas de agua
1/4 taza de melaza
1 cebolla grande picada
1 cucharada de mostaza seca
1 cucharada de sal
6 rebanadas de tocino grueso cortado en trozos de 1 pulgada
1 taza de azúcar moreno
Qué hacer:
Escurra el líquido de remojo de los frijoles y colóquelos en una olla de cocción lenta.

Revuelva la salsa, el agua, la melaza, la cebolla, la mostaza, la sal, el tocino y el azúcar moreno en los frijoles hasta que estén bien mezclados.

Tape y cocine a fuego lento durante 8 a 10 horas, revolviendo ocasionalmente si es posible, aunque no es necesario.

10. Patatas Cocidas a Fuego Lento

Para 4 porciones.
Lo que necesitará:
4 patatas bien fregadas
1 cucharada de aceite de oliva extra virgen
Sal kosher al gusto
4 hojas de papel de aluminio

Qué hacer:
Pique las patatas con un tenedor varias veces, luego frótelas con aceite de oliva, espolvoree con sal y envuélvalas bien con papel de aluminio. Coloque las patatas en una olla de cocción lenta, cúbrala y cocine a fuego alto durante 4 1/2 a 5 horas, o a temperatura baja durante 7 1/2 a 8 horas hasta que estén tiernas.

11. Frijoles Al Estilo De Texas

Para 12 porciones.
Lo que necesitará:
1 libra de carne molida
4 latas (16 onzas) de frijoles horneados con cerdo
1 lata (4 onzas) de chiles verdes picados enlatados
1 cebolla pequeña de Vidalia, pelada y picada.
1 taza de salsa de barbacoa
1/2 taza de azúcar moreno
1 cucharada de ajo en polvo
1 cucharada de chile en polvo
3 cucharadas de salsa picante (por ejemplo, Tabasco ™), o al gusto
Qué hacer:
En una sartén a fuego medio, dore la carne molida hasta que ya no esté rosada; escurra la grasa y reserve.
En una olla de cocción lenta de 3 1/2 cuartos o más, coloque la carne molida, los frijoles, los chiles verdes, la cebolla y la salsa de barbacoa. Sazone con azúcar moreno, ajo en polvo, chile en polvo y salsa picante. Cocine en alto durante 2 horas, o en bajo durante 4 a 5 horas.

12. Patatas Con Puré De Ajo

Para 6 porciones.
Lo que necesitará:
2 libras de patatas rojascon cáscara, cortadas en cubitos
1/4 taza de agua

1/4 taza de mantequilla
1 1/4 cucharaditas de sal
1/2 cucharadita de ajo en polvo
1/4 cucharadita de pimienta negra molida
1/2 taza de leche, o según sea necesario

Qué hacer:
Coloque las patatas, el agua y la mantequilla en una olla de cocción lenta. Sazone con sal, ajo en polvo y pimienta. Tape y cocine a temperatura baja durante 7 horas o a temperatura alta durante 4 horas.

Triture las patatas con un machacador o batidor eléctrico, agregando la cantidad deseada de leche para lograr una consistencia cremosa. Mantenga caliente a fuego lento hasta que sirva.

13. Frijoles a la Charra (Frijoles Pintos)

Para 8 porciones.

Lo que necesitará:
1 libra de frijoles pintos secos
5 dientes de ajo picados
1 cucharadita de sal
1/2 libra de tocino cortado en cubitos
1 cebolla picada
2 tomates frescos cortados en cubitos
1 lata (3.5 onzas) de chiles jalapeños en rodajas
1 lata (12 onzas líquidas) de cerveza
1/3 taza de cilantro fresco picado

Qué hacer:
Coloque los frijoles pintos en una olla de cocción lenta y cúbralos completamente con agua. Mezcle en ajo y sal. Cubra y cocine durante 1 hora en alto.

Cocine el tocino en una sartén a fuego medio alto hasta que esté uniformemente dorado, pero aún tierno. Escurra alrededor de la mitad de la grasa. Coloque la cebolla en la sartén y cocine hasta que esté tierna. Mezcle los tomates y los jalapeños, y cocine hasta que se caliente. Transfiera a la olla de cocción lenta, revolviendo con los frijoles.

Cubra la olla y continúe cocinando durante 4 horas a temperatura baja. Mezcle la cerveza y el cilantro unos 30 minutos antes de que finalice el tiempo de cocción.

14. Crema De Maíz En Cocción Lenta

Para 20 porciones.

Lo que necesitará:
4 paquetes (16 onzas) de granos de maíz congelados
3 paquetes (8 onzas) de queso crema en cubos
1 taza de mantequilla cortada en trozos
1/2 taza de azúcar blanca
6 rebanadas de queso americano
1/2 taza de leche entera

Qué hacer:
En una olla de cocción lenta de 6 cuartos de galón, coloque el maíz, el queso crema, la mantequilla, el azúcar, el queso americano y la leche. Cubra y ajuste en bajo. Cocine por aproximadamente 3 horas, revolviendo cada 30 minutos. El queso y la leche se queman fácilmente, por lo que no recomendaría reducir el tiempo utilizando el ajuste alto.

15. Cazuela Hash Brown

Para 16 porciones.

Lo que necesitará:
2 tazas de crema agria
1 lata (10.75 onzas) de crema de champiñones condensada sin diluir
2 tazas de queso procesado rallado
1/2 taza de cebolla picada
1/4 cucharadita de sal
1/4 cucharadita de pimienta
1 paquete (32 onzas) de patatas hash brown congeladas, descongeladas

Qué hacer:
En un tazón grande, mezcle la crema agria, la crema de champiñones, el queso, la cebolla, la sal y la pimienta. Poco a poco, mezcle las patatas hasta que estén uniformemente cubiertas.
Cubra el interior de una olla de cocción lenta con aceite en aerosol o mantequilla. Coloque la mezcla de hash brown en la olla de cocción lenta. Tape y cocine a fuego alto durante 1 1/2 horas, luego reduzca el fuego a bajo y cocine por 2 1/2 horas adicionales.

16. Deliciosas Calabazas y Manzanas Cocidas a Fuego Lento
Para 10 porciones.
Lo que necesitará:
1 calabaza (3 libras) pelada, sin semillas y cortada en cubos
4 manzanas peladas, sin corazón y picadas
3/4 taza de arándanos secos
1/2 cebolla blanca cortada en cubitos (opcional)
1 cucharada de canela molida
1 1/2 cucharaditas de nuez moscada molida
Qué hacer:
Coloque calabaza, manzanas, arándanos, cebolla, canela y nuez moscada en una olla de cocción lenta. Cocine a fuego alto durante 4 horas o hasta que la calabaza esté tierna y cocida. Revuelva ocasionalmente mientras cocina.

17. Patatas Con Queso
Para 8 porciones.
Lo que necesitará:
1 paquete (32 onzas) de patatas fritas al estilo sureño congeladas
2 latas (10,75 onzas) de sopa de queso cheddar condensada
1 lata (12 onzas líquidas) de leche evaporada
1 lata (2.8 onzas) de cebolla francesa frita, dividida
Qué hacer:

Engrase su olla de cocción lenta con aceite en aerosol o manteca. En un tazón grande, mezcle las patatas fritas, la sopa de queso, la leche evaporada y la mitad de las cebollas fritas. Vierta en la olla de cocción lenta. Tape y cocine a fuego alto durante 4 horas o bajo durante 8 horas. Cubra con las cebollas restantes justo antes de servir.

18. Frijoles Bandito

Para 24 porciones.
Lo que necesitará:
1 libra de salchicha de cerdo suave
1 lata (15 onzas) de frijoles cera, escurridos
1lata (15 onzas) defrijoles verdes, escurridas
1lata (15 onzas) de frijoles lima escurridos
1lata (15 onzas) de frijoles negros escurridos
1/2 lata (28 onzas) de frijoles alabarbacoa con líquido
1lata(15 onzas) de frijoles de chile con líquido
1 lata (6 onzas) de pasta de tomate
1 taza de azúcar marrón claro empacado
1/4 taza de salsa barbacoa
1 pimiento verde pequeño cortado en cubitos
1 cebolla amarilla pequeña cortada en cubitos
1 cucharadita de semillas de hinojo
Qué hacer:
Coloque la salchicha en una sartén a fuego medio y cocine hasta que esté bien dorada. Escurra la grasa y transfiera la salchicha a una olla de cocción lenta.
En la olla de cocción lenta con la salchicha, mezcle todos los frijoles sin líquido. Luego, eche los frijoles con líquido y revuelva. Agregue la pasta de tomate, el azúcar moreno, la salsa barbacoa, el pimiento verde, la cebolla y las semillas de hinojo.
Cubra la olla y cocine a fuego lento por lo menos durante 5 horas.

19. Fideos Húngaros

Para 10 porciones.
Lo que necesitará:
1paquete (16 onzas) de fideos al huevo anchos
3 cubos de caldo de pollo
1/4 taza de agua
1 lata (10.75 onzas) de crema de champiñones condensada
1/2 taza de cebolla picada
2 cucharadas de salsa inglesa
1 cucharada de semillas de amapola
1/4 cucharadita de ajo en polvo
1/4 cucharadita de salsa picante
2 tazas de queso cottage
2 tazas de crema agria
1/4 taza de queso parmesano rallado
1 pizca de pimentón
Qué hacer:
Cocer los fideos en una olla grande con agua hirviendo con sal. Escurra bien.
En un tazón grande, disuelva el cubo de caldo de pollo en agua hirviendo. Mezcle la crema de champiñones, la cebolla picada, la salsa inglesa, las semillas de amapola, el ajo en polvo y la salsa picante. Agregue el queso cottage, la crema agria y los fideos al huevo cocidos.
Transfiera a una olla de cocción lenta ligeramente engrasada y espolvoree la parte superior con queso parmesano y pimentón.
Cubra y cocine a fuego alto durante 3 a 4 horas. Sirva inmediatamente.

20. Frijoles a La Barbacoa Cocidos a Fuego Lento

Para 8 porciones.
Lo que necesitará:
1 libra de carne molida magra
3/4 taza de tocino crudo picado
1 cebolla pequeña finamente picada
2 latas (16 onzas) de frijoles horneados con cerdo
1 lata (15.25 onzas) de frijoles rojos con líquido

1 lata (15 onzas) de frijoles lima, parcialmente escurridas
1 taza de salsa de tomate
1 cucharada de humo líquidosaborizante
1 cucharada de sal
1 cucharada de salsa picante
1/4 cucharada de ajo en polvo

Qué hacer:
Coloque la carne en una sartén grande y profunda. Cocine a temperatura media-alta hasta que esté uniformemente dorada. Escurra y reserve.
Coloque el tocino en una sartén grande y profunda. Cocine a temperatura media-alta hasta que esté uniformemente dorado. Escurra y reserve.
En una olla de cocción lenta, coloque la carne molida, el tocino, la cebolla, los frijoles horneados, los frijoles rojos, los frijoles lima, lasalsa de tomate, el humo líquido, la sal, la salsa picante y el ajo en polvo. Cocine a fuego lento durante 4 a 6 horas.

21. Crema De Espinacas

Para 8 porciones.

Lo que necesitará:
2 paquetes (10 onzas) de espinacas picadas congeladas, descongeladas, escurridas y exprimidas
2 tazas de queso cottage
1/2 taza de mantequilla en cubos
3 huevos batidos
1 1/2 tazas de queso americano en cubos
1/4 taza de harina para todo uso
1 cucharadita de sal

Qué hacer:
Engrase una olla de cocción lenta de 4 1/2 cuartos. En un tazón grande, mezcle la espinaca, el queso cottage, la mantequilla, el queso americano, los huevos, la harina y la sal hasta que todo esté distribuido de manera uniforme. Transfiera a la olla de cocción lenta engrasada.

Cocine a fuego alto durante una hora, luego reduzca el fuego a bajo y continúe cocinando durante 4 a 5 horas.

22. Col Forrajera

Para 16 porciones.
Lo que necesitará:
4 manojos de col forrajera enjuagados, recortados y picados
1 libra de pierna de jamón
4 chiles jalapeños en escabeche picados
1/2 cucharadita de bicarbonato de sodio
1 cucharadita de aceite de oliva
Pimienta negra molida al gusto
Ajo en polvo al gusto
Qué hacer:
Llene una olla grande con agua hasta la mitad. Coloque la pierna de jamón en el agua y la mayor cantidad de col que pueda caber. Ponga a fuego lento.
Tan pronto como la col comience a marchitarse, comience a transferirla a la olla de cocción lenta. Alterne las capas de col con los trozos de jamón y el jalapeño hasta que la olla de cocción lenta esté llena. Agregue el bicarbonato de sodio, el aceite de oliva, la pimienta y el ajo en polvo. Tape y hierva a fuego alto. Reduzca el fuego a bajo y cocine durante 8 a 10 horas.

23. Frijoles Al Horno Con Arce y Jengibre

Para 10 porciones.
Lo que necesitará:
1 1/2 libras de frijoles grandes secos
1 cebolla grande cortada en trozos
4 onzas de cerdo curado con sal, cortado en cubitos
3/4 taza de jarabe de arce real
1/4 taza de melaza
1/4 taza de azúcar moreno
1 cucharadita de jengibre molido
1 cucharadita de mostaza en polvo

1/2 cucharadita de sal
1/4 cucharadita de pimienta negra molida
2 tazas de agua hirviendo

Qué hacer:

Remoje los frijoles secos en una olla grande con agua durante la noche, luego escurra. Vuelva a llenar la olla con agua y deje hervir. Cocine a fuego lento hasta que los frijoles estén tiernos, aproximadamente 1 hora.

Mientras se cocinan los frijoles, mezcle el jarabe de arce, la melaza, el azúcar moreno, el jengibre, la mostaza en polvo, la sal, la pimienta y el agua. Deje a un lado.

Coloque los trozos de cebolla en el fondo de una olla de cocción lenta de 3 cuartos o más. Coloque los cubitos de cerdo con sal por encima de la cebolla. Escurra los frijoles y transfiera a la olla de cocción lenta. Vierta la mezcla de jarabe de arce sobre los frijoles. Si no hay suficiente líquido para cubrir los frijoles, agregue un poco más de agua caliente.

Tape y cocine a temperatura baja durante 10 a 12 horas o a temperatura alta durante 5 a 6 horas. Si cocina los frijoles a fuego alto, querrá revisarlos ocasionalmente en caso de que necesiten un poco más de agua. Si los frijoles son demasiado jugosos para su gusto, deje la tapa cerrada durante los últimos 30 minutos para evaporar parte del líquido.

24. Jamón y Gratinado De Patatas

Para 6 porciones.

Lo que necesitará:

1 taza de agua
1/2 cucharadita de crema de tártaro
5 patatas cortadas en rodajas finas
1 taza de cebolla picada
Sal y pimienta negra molida al gusto
2 tazas de leche
1/4 taza de harina para todo uso
1 taza de queso cheddar rallado
2 tazas de jamón ahumado

Qué hacer:
Mezcle el agua y la crema de tártaro en un tazón grande.
Revuelva las patatas en la mezcla de agua hasta que las patatas estén bien cubiertas; desagüe.
Coloque las patatas y la cebolla en una olla de cocción lenta. Sazone con sal y pimienta negra.
Caliente la leche y la harina en una cacerola a fuego medio, revolviendo con frecuencia, hasta que hierva, aproximadamente por 5 minutos. Sazone con sal y pimienta negra.
Vierta aproximadamente la mitad de la salsa de leche sobre la mezcla de patatas.
Disperseel queso cheddar y el jamón en la olla de cocción lenta. Cubra con la salsa de leche restante.
Cocine a temperatura baja durante 9 a 10 horas o en alto durante 4 1/2 a 5 horas.

25. Frijoles Calientes Como Lava

Para 8 porciones.
Lo que necesitará:
1 libra de frijoles pintos secos
4 tazas de agua
1 lata (7 onzas) de chiles jalapeños en rodajas, escurridos
1 lata (14.5 onzas) de tomates en cubitos
1 1/2 cucharadita de sal
1/2 cucharadita de pimienta negra molida
1/4 cucharadita de cebolla en polvo
1/4 cucharadita de ajo en polvo
1/4 cucharadita de humo líquido
1/4 taza de salsa de barbacoa
Qué hacer:
Coloque los frijoles pintos en un recipiente grande y cubra con varias pulgadas de agua fría. Deje reposar durante la noche para remojar.
Escurra y enjuague al día siguiente, luego coloque los frijoles en una olla de cocción lenta junto con 4 tazas de agua, los jalapeños, los tomates, la sal, la pimienta, la cebolla en polvo, el

ajo en polvo, el humo líquido y la salsa de barbacoa; revuelva bien.

Ponga la olla en alto y cocine por 4 horas. Revuelva los frijoles nuevamente, gire la olla a bajo y continúe cocinando hasta que la salsa se haya espesado y los frijoles estén tiernos, aproximadamente por 3 horas más.

26. Guisantes De Ojo Negro Picantes Con Chipotle

Para 20 porciones.

Lo que necesitará:
2 cucharadas de aceite de oliva
1 cucharada de vinagre balsámico
1 taza de pimiento naranja picado
1 taza de apio picado
1 taza de zanahoria picada
1 taza de cebolla picada
1 cucharadita de ajo picado
2 paquetes (16 onzas) de guisantes secos de ojos negros
4 tazas de agua
4 cucharaditas de base vegetal (como BetterThanBouillon® Vegetable Base)
1 lata (7 onzas) de chiles chipotle en salsa de adobo, picados y reservados
2 cucharaditas de humolíquido
2 cucharaditas de comino molido
1/2 cucharadita de pimienta negra molida

Qué hacer:
Caliente el aceite de oliva y el vinagre balsámico en una sartén. Cocine y revuelva el pimiento naranja, el apio, la zanahoria, la cebolla y el ajo en el aceite caliente hasta que la cebolla esté transparente, de 5 a 8 minutos. Transfiera la mezcla a una olla de cocción lenta, mezcle los guisantes de ojos negros, el agua y la base vegetal, revolviendo para disolver la base vegetal. Agregue los chiles chipotles, aproximadamente 1 cucharada de la salsa de adobo reservada (o al gusto), humo líquido, comino y pimienta negra.

Cocine en bajo hasta que los guisantes de ojo negro estén muy tiernos y los sabores se mezclen, aproximadamente por 8 horas.

27. Chucrut a La Dulce Olla De Cocción Lenta

Para 8 porciones.
Lo que necesitará:
1 cuarto de chucrut, escurrido y enjuagado
1 1/2 tazas de agua
3/4 taza de zanahoria en cubitos
3/4 taza de azúcar moreno
2/3 taza de manzana picada
1/2 cebolla dulce picada
1 cucharadita de semillas de alcaravea
Sal y pimienta negra molida al gusto
1 libra de kielbasa totalmente cocida, cortada en trozos de 1 pulgada (opcional)
Qué hacer:
Coloque chucrut, agua, zanahoria, azúcar moreno, manzana, cebolla dulce, semillas de alcaravea, sal y pimienta negra en una olla de cocción lenta. Cocine a fuego lento durante aproximadamente 7 horas. Añada kielbasa y cocine durante una hora más.

28. Maíz Cremoso Con Cebolla y Cebolletas En Olla De Cocción Lenta

Para 8 porciones.
Lo que necesitará:
4 rebanadas de tocino
Aceite en aerosol para cocinar
4 1/2 tazas de grano entero de maíz
1/2 pimiento rojo picado
1/2 taza de *half-and-half*
1/4 taza de mantequilla sin sal derretida
1 cucharadita de azúcar blanco
1/2 cucharadita de sal

1/4 cucharadita de pimienta negra molida
1 contenedor (8 onzas) de cebolleta y queso crema de cebolla
Qué hacer:
Coloque el tocino en una sartén grande a fuego medio-alto, volteándolo ocasionalmente, hasta que se dore uniformemente, aproximadamente por 10 minutos. Escurra las rebanadas de tocino en toallas de papel ytrócelo cuando esté lo suficientemente frío como para manejar.

Cubra el interior de una olla de cocción lenta de 4 cuartos con aceite en aerosol.

Combine el maíz, el pimiento rojo, el*half-and-half*, la mantequilla, el azúcar, la sal, la pimienta negra y la mitad del tocino desmenuzado en la olla de cocción lenta, y revuelva bien.

Cocine a fuego alto durante 2 a 2 1/2 horas.

Revuelva el queso crema en la mezcla de maíz. Cocinar hasta que el queso se derrita, unos 10 minutos más. Revuelva bien y cubra con el tocino restante antes de servir.

29. Zanahorias Chinas

Para 6 porciones.
Lo que necesitará:
2 libras de zanahorias bebé
1/2 taza de jugo de naranja concentrado
1/4 taza de salsa tamari
2 dientes de ajo picados
1 cucharadita de jengibre fresco picado
1 cucharadita de ralladura de naranja
1 cucharada de aceite de sésamo asiático (tostado)
1 cucharada de miel
Qué hacer:
Coloque las zanahorias pequeñas, el concentrado de jugo de naranja, la salsa tamari, el ajo, el jengibre, la ralladura de naranja, el aceite de sésamo tostado y la miel en una olla de cocción lenta y mezcle bien. Ponga la olla en bajo, cubra y cocine por 8 horas. Gire el ajuste a alto y cocine por 30 minutos.

30. Patatas Con Champiñones a Fuego Lento

Para 10 porciones.

Lo que necesitará:
2 cucharadas de aceite de oliva
1 cucharadita de mantequilla
1/2 libra de champiñones blancos cortados en rodajas
5 patatas Yukon Gold grandes cortadas en cuartos y en rodajas
4 tazas de queso cheddar rallado
1/2 taza de leche
1/4 taza de cebolla picada
2 cucharadas de mantequilla
1 cucharada de sal de ajo
1/4 cucharadita de pimienta negra molida

Qué hacer:
Caliente el aceite de oliva y 1 cucharadita de mantequilla en una sartén a fuego medio. Cocine y revuelva los champiñones en mantequilla hasta que estén tiernos y dorados, aproximadamente por 10 minutos.

Mezcle los champiñones cocidos, las patatas, el queso cheddar, la leche, la cebolla, 2 cucharadas de mantequilla, la sal de ajo y la pimienta negra en una olla de cocción lenta.

Cocine a fuego alto hasta que las patatas estén tiernas y el queso cheddar se derrita, aproximadamente por 4 horas.

31. Macarrones Con Queso En Modo Fácil

Para 4 personas.

Lo que necesitará:
1⁄4 taza de harina
1 cucharadita de sal
1⁄4 cucharadita de pimienta
2 cucharadas de cebollas picadas
1⁄2 cucharadita de pimentón
3 tazas de leche
1 taza de queso cheddar rallado (o su tipo favorito de queso)
2 tazas de macarrones de codo sin cocer

Qué hacer:
Rocíe la olla de cocción con aerosol antiadherente para facilitar la limpieza.
En una cacerola, coloque los primeros 5 ingredientes.
Vierta la leche y mezcle con una batidora hasta que no queden grumos.
Caliente y continúe revolviendo hasta que la mezcla hierva y se espese.
Añada el queso y luego los macarrones.
Revuelva hasta que esté bien mezclado.
Vierta en una olla de cocción lenta de 3 1/2 cuartos (3. 5L).
Tape y cocine a temperatura baja durante 2-2 1/2 horas o a temperatura alta durante 1 hora.

32. Cebollas Caramelizadas

Para 12 porciones.
Lo que necesitará:
3 libras de cebolla en rodajas
1/2 taza de margarina derretida (o mantequilla)
1 cucharadita de sal
Qué hacer:
Coloque las cebollas, la margarina y la sal en una olla de barro.
Cubra y cocine a fuego lento durante 8-10 horas.

33. Arroz Cocido Lento

Para 4 personas.
Lo que necesitará:
1 taza de arroz
Sal
2 tazas de agua
Mantequilla
Qué hacer:
Frote su olla de cocción lenta con 1 cucharada de mantequilla o margarina.
Vierta el arroz, el agua y la sal.

Tape y cocine a fuego alto de 1 1/2 a 2 1/2 horas, revolviendo ocasionalmente.

Nota: Se pueden preparar hasta 4 tazas de arroz crudo en la olla de cocción lenta, haciendo 10 tazas cocidas.

34. Polenta Con Cheddar

Para 8 porciones.
Lo que necesitará:
7 tazas de agua caliente
2 tazas de polenta (no de cocción rápida) o 2 tazas de harina de maíz amarilla molida gruesa
2 cucharadas de aceite de oliva extravirgen
2 cucharaditas de sal
1/2 cucharadita de pimienta negra
3 tazas de queso cheddar extra fuerte rallado (aproximadamente 12 onzas)
Qué hacer:
Mezcle el agua, la polenta, el aceite de oliva, la sal y la pimienta en una olla de cocción lenta. Bata hasta que estén bien mezclados. Añada el queso cheddar y bata de nuevo.

Tape y cocine a temperatura alta durante aproximadamente 2 horas, o hasta que la mayor parte del líquido se absorba. Mezcle bien (la polenta debe tener una consistencia de cereal cocido espeso).

Si no va a servir de inmediato, vierta sobre una bandeja para hornear con mantequilla con los lados, extendiendo en una capa uniforme. Cubra con plástico y deje enfriar. Cuando esté listo para servir, corte en rectángulos y saltee en una sartén antiadherente con aceite de oliva hasta que esté dorada por ambos lados.

35. Col Roja Con Manzanas y Especias

Para 4 porciones.
Lo que necesitará:

1 cabeza de repollo rojo cortado en cuartos y luego en rodajas finas
1 cebolla roja grande en rodajas
1 taza de sidra de manzana
1 manzana grannysmith cortada en cubitos
1/3 taza de vinagre balsámico
1 cucharada de miel
Sal y pimienta
1/2 cucharadita de jengibre
1/2 cucharadita de canela
1/2 cucharadita de cilantro molido
1/8 cucharadita de nuez moscada molida
Qué hacer:
Coloque todos los ingredientes en una olla de cocción lenta grande.
Estará lleno, pero se cocinará hasta aproximadamente 1/5.
Cocine durante 5 horas a temperatura baja.
Revolviendo ocasionalmente agregando agua si es necesario.

36. Pan Con Picadillo De Salchicha

Para 8 porciones.
Lo que necesitará:
1 pan de molde
Sal
Pimienta
Condimento para aves
Ajo en polvo
1 cebolla mediana
2 costillas de apio, incluida la parte frondosa
1/4 taza de perejil fresco picado
1/2 taza de mantequilla
1 libra de salchicha a granel
1 1/2 tazas de caldo de pollo
Qué hacer:

En un tazón grande ponga 1 pan de molde roto y secado durante la noche. Sazone las migas con sal, pimienta, condimento para aves y ajo en polvo.
En la sartén, saltee 1 cebolla picada, el apio picado y el perejil picado con la mantequilla.
En otra sartén, dore y rompa la salchicha a granel.
Vierta las verduras salteadas y la salchicha sobre las migas de pan. Humedezca con el caldo de pollo.
Coloque en la olla a fuego lento durante aproximadamente 3 horas. (El tiempo puede variar según la olla de cocción lenta). Recomiendo que revuelva y revisede vez en cuando para ver si se está secando demasiado alrededor de los bordes. Siempre puede agregar un poco más de caldo para adaptarse a su gusto.

37. Frijoles y Verduras Al Estilo Mediterráneo

Para 6 porciones.
Lo que necesitará:
1 lata (15 onzas) defrijoles grandes, escurridos y enjuagados
1 lata (15 onzas) de frijoles rojos, escurridos y enjuagados
5 cucharaditas de ajo picado
1 cebolla grande picada
1 taza de zanahoria en rodajas finas
1/2 taza de apio cortado en rodajas finas
2 tazas de frijoles verdes, frescos, limpios y cortados
2 chiles rojos picados (elimine la cantidad de semillas que desee, según la cantidad de picante que desee)
2 hojas de laurel
Sal y pimienta al gusto
Qué hacer:
Ponga todo en una olla grande y cocine a fuego lento durante 8 horas, o hasta que los frijoles y las verduras estén tan blandos como desee.
Retire las hojas de laurel y sirva.

38. Maíz En Mazorca Con Hierbas y Mantequilla De Ajo

Para 4 porciones.
Lo que necesitará:
1/2 taza de mantequilla sin sal a temperatura ambiente
3 -4 dientes de ajo picados
2 cucharadas de perejil fresco finamente picado
4 -5 espigas de maíz descascarilladas
Sal y pimienta al gusto
Qué hacer:
Mezcle bien la mantequilla, el ajo y el perejil en un tazón pequeño.
Coloque cada mazorca de maíz en un pedazo de papel de aluminio y espárzalo generosamente sobre la mantequilla. Sazone el maíz con sal y pimienta y selle bien el papel de aluminio. Coloque el maíz en una olla de cocción lenta; superponiéndolo si es necesario. Agregue suficiente agua para cubrir 1/4 de la parte superior de cada papel.
Cubra y cocine a fuego lento de 4 a 5 horas o en alto de 2 a 2 1/2 horas, o hasta que esté listo.

39. Zanahorias Al Curry

Para 4 porciones.
Lo que necesitará:
400 g de zanahorias peladas y cortadas en aros
1 cucharadita de curry suave en polvo
1 cucharadita de azúcar moreno
Sal y pimienta
3 cucharadas de mantequilla derretida
Qué hacer:
Coloque las zanahorias en la olla de cocción lenta y espolvoree con el curry en polvo, el azúcar moreno, la sal y la pimienta.
Vierta la mantequilla derretida sobre las zanahorias y mezcle bien para integrar todos los ingredientes.
Cubra con la tapa y cocine en alto por 1 1/2 - 2 horas.

40. Remolachas Asadas

Para 10 porciones.
Lo que necesitará:
10 -12 remolachas medianas bien fregadas
Papel de aluminio
Qué hacer:
Envuelva cada remolacha en papel de aluminio.
Este número de remolachas caben cómodamente en una olla de cocción lenta de 6 qt.
Ajuste en alto y cocine durante 3 a 5 horas. Pruebe perforando una de las más grandes para saber si está cocida.

Parte 2

Introducción

Aún cuando Ustedlo disfruta la mayor parte del tiempo, la cocina puede tornarse en una faena. Vivimos muy atareados en nuestras vidas y, muy a menudo, preparar buena comida queda relegado a un segundo plano. ¿Cómo puede Usted revivir su amor por la cocina y mantenerlo a un nivel cómodo? El aparato "Express Multi-Cooker" de"Crock-Pot" es la respuesta.

Este aparato multicocción8-en-1, "Express Multi-Cooker" le permite cocinar de forma prolongada, como una "Crock-Pot" tradicional, pero también le permite cocinar como una olla de presión, lo que ha hecho que marcas como "Instant Pot" sean extremadamente exitosas. La cocción a presión es cuando se sobrepasa el punto de ebullición del agua, lo que hace que los tiempos de cocción de los alimentos se reduzcan dramáticamente.Platos que normalmente toman bastante tiempo, como el salvado de avena en hojuelas, los estofados, y otros, cocidos a presión llevan 20 a 30 minutos. Usted tiene ahora la capacidad de escoger entre cocciónlenta que se realiza durante toda la noche o a lo largo del día laboral, o cocción realmente rápida que puede realizar cuando el tiempo es corto para Usted.

Este libro le explica a Usted todo lo que necesita saber sobre la "Multi-Cooker", incluyendo las partes que la hacen distinta de una "Crock-Pot" tradicional, y cómo utilizar los programás incluidos en el panel de control. La olla de cocción está equipada con una variedad de características de seguridad, de tal forma que, incluso cuando Usted utilice el típico arriesgado control de cocimiento a presión, pueda sentirse seguro y con plena confianza. Aún existen algunos probables asuntos que puedan surgir, por lo que he incluido también una guía de localización de averías que contiene los problemás más comunes.

Para aquellos que no están familiarizados con las ollas de presión, también incluyo una sección con instrucciones paso-a-paso sobre el uso de esafunción, y sobre cómo convertir recetas para cocción lenta a recetas de cocción a presión. ¡Mi meta es que Usted se sienta cómodo yendo suavemente hacia adelante y atrás en la escogencia y dominio de ambas funciones, según dicte la conveniencia!.

La "Multi-Cooker" es distinta de cualquier otro electrodoméstico que Usted haya utilizado anteriormente, y espero que Usted la llegue a amar, y también a las recetas, como yo lo hago.

Capítulo 1: Presentando la "Express Multi-Cooker"

La "Express Multi-Cooker" de la marca "Crock-Pot", la olla de cocimiento lento original, representa una emocionante innovación con respecto a electrodomésticos para cocción. Usted obtiene tanto el método tradicional de cocimiento lento, y el metodo de cocción a presión, que se ha vuelto popular durante los años recientes. Este capítulo le da a Usted un paseo por la historia de ambos métodos de cocción, así como la esencia de lo que es la "Multi-Cooker" y el porqué este electrodoméstico es el aparato que debe tener cada cocina.

La Historia de la "Crock-Pot"

La inspiración para la "Crock-Pot" vino de una antigua receta familiar. La abuela de Irving Naxon recordaba el "cholent", un estofado lituano de res con patatas, que llevaba todo un día de cocción al horno. Naxon quería crear un implemento que pudiese reempalzar el horno y hacer que la cocina fuesemás cómoda para la gente que trabaja durante todo el día. En la década de los 50 desarrolló lo que nombraría "La frijolera de Naxon", nombre que en 1970 fue cambiado a "Crock-Pot" y que actualmente se relaciona con "Olla de cocción lenta"

La "Crock-Pot" ganó popularidad en la década de 1970's, cuando las damás trabajaban más a menudo fuera de casa. Podían dejar la cena preparándose desde la mañana, puesta en la "Crock-Pot" en coccion de 8 a 10 horas, antes de regresar a casa por la noche para terminar el plato. Las cocineras hogareñas también dejaban el desayuno preparandose desde la noche anterior, que llevaba toda la noche para estar ya listo por la mañana. Con $25 a $30, casi todos podían costearse una olla de cocimiento lento, y estos aparatos se volvieron tan populares, que otras compañías comenzaron a sacar sus propias versiones. El nombre "Crock-

Pot," sin embargo, quedó como denominación para todos estos electrodomésticos.

Para el 2002, casi el 81% de los norteamericanos tenian ya una "Crock-Pot", y los avances tecnológicos cada vez la hicieron más cómoda y segura. Una de las mayores innovaciones fue la cacerola removible, y la más importante, pues permitió que los usuarios la lavaran en la lavadora de platos automatica.

Y la "Express Multi-Cooker" representa la mejor tecnología que "Crock-Pot" puede ofrecer, que Usted leerá más adelante.

Historia de las ollas a presión

El cocimiento a presión se basa en el hecho que el punto de ebullición del agua aumenta cuando se permite que la presión también lo haga, contenida. Para lograr ésto, la olla debe tener un sello que no permita que la presión escape. La primera olla de presión se puede trazar hastaDenis Papin, quien quería desarrollar un aparato de cocción que permitiera incluso romper huesos. Él lo llamo "el digestor de huesos", e incluso preparó un plato para el rey de Francia. Sin embargo, por su gran tamaño y facilidad para explotar, nunca fue adoptado por las másas.

Llevó unos pocos siglos más antes que algo se pareciera a la olla de presión que conocemos en la actualidad. El desarrollo de la industria de conservas durante el siglo 19 logró perfeccionar el sello, pero éste fue utilizado para los frascos de cinservas de comida, y aún no para la cocción de ella. Fue para la Feria Mundial de 1939 que fue presentado un prototipo de la olla de presión que, durante la Segunda Guerra Mundial, ganó popularidad. Con menos comida disponible y presupuestos limitados, la gente se enfocaba más en vegetales y cortes más baratos de carne. La olla depresión fue entonces la mejor herramienta para lograr una buena cocción de carne y vegetales y convertirlos en sopas y estofados nutritivos.

Después de la guerra, las ollas de presión se volvieron menos comunes, pues tomó su lugar la comida procesada. Además eran aún relativamente peligrosas, y casi todos los que vivieron esa primera época tienen historias sobre espaguetti llegando hasta el techo por una olla de presión que explotó. En Asia, sin embargo, las ollas de presión siguieron siendo la moda, y las compañías continuaron realizando investigaciones para mejorar la tecnología. La primera olla eléctrica fue patentada en China en 1991 y, en 2010, salió al mercado la primera Instant Pot. La"Express Multi-Cooker" representa al primer proyecto de "Crock-Pot" en este nuevo mundo.

¿Qué es la "Express Multi-Cooker"?

Entonces, ¿qué es este nuevo aparato de la marca "Crock-Pot"? Es una olla de cocimiento lento *y* una olla de presión en uno. Esto significa que puede cocinar comida a baja temperatura y por horas, y al mismo tiempo puede cocinar realmente rápido a temperaturas muy altas. La olla tiene una capacidad de 6 cuartos de galón, y además se puede lavar en la lavavajillas. Se le llama "8-en-1" porque tiene 8 programás. Para que Usted se haga una mejor idea de lo que es este aparato, veamos un poco sobre las partes y el panel de control:

Las partes

La "Multi-Cooker consistede una olla removible, el recipiente con el dispositivo de calor, y la tapa. La tapadera es la pieza más especial, pues a diferencia de las ollas de cocción lenta normales, posee un empaque de silicona que le permite ser un sello hermético, y una válvula de presión. Esta válvula es un botón en la parte superior de la tapa, que se puede colocar en posición de "cerrado" o de "desfogue"(abierto). Cuando Usted utiliza la función de olla de presion, puesto que Usted necesita contener el vapor de agua dentro de la olla para aumentar la presión, éste botón debería estar en laposición de "cerrado". Cuando Usted utiliza la olla para cocción prolongada, la válvula estará entonces en posición de "desfogue".

El panel de control

El panel de control es donde Usted operará la olla "Multi-Cooker" y tiene programás seleccionables, tiempos de cocción, y controles de presión. ¿Qué significa todo esto?. Veámoslo en orden:

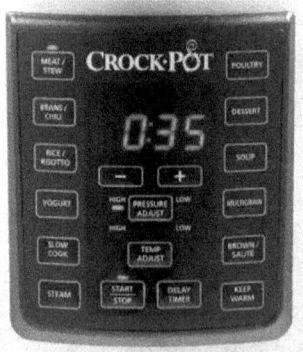

CARNE/ESTOFADO (MEAT/STEW) - Este ajuste de presión de cocción es el que tiene por defecto. Funciona a alta presión por 35 minutos.

FRIJOLES/CHILI (BEANS/CHILI) - Usted verá en las recetas este ajuste, aún cuando no sea para frijoles. Esto es porque la "Multi-

Cooker" no posee un ajuste "Manual"; usamos "BEANS/CHILI" en su lugar porque tiene un amplio rango de tiempo. Sin un ajuste específico, por defecto cocina durante 20 minutos a presión.

ARROZ/RISOTTO (RICE/RISOTTO) - Es un ajuste para cocinar durante 12 minutos a baja presión.

YOGURT - Exclusivo para hacer yogurt, cocina a baja temperatura durante 8 horas, aunque Usted lo puede ajustar de 6 a 12 horas.

AL VAPOR (STEAM) - Otro ajuste de presión de cocción, que funciona a alta presión por 3 minutos o hasta una hora. 3 minutos es el menor tiempo posible en la "Multi-Cooker".

(+/-) - Estos botones ajustan el tiempo de cocción, que se presenta en números azul brillante. Cuando se presiona el botón para uno de los programás, se mostrará el tiempo por defecto en la pantalla, que se puede ajustar con los botones (+/-).

AJUSTE DE PRESIÓN - Todos los programás, exceptuando STEAM se pueden reajustar a presión baja o alta. Usted lo deberá utilizar sólo mientras cocina.

AJUSTE DE TEMPERATURA (TEMP ADJUST) - Para la función de cocción lenta, Usted podrá escoger entre alta o baja temperatura. LOW es BAJA, mientras HIGH es ALTA.

INICIO/DETENER - (START/STOP) - Se presiona este botón para iniciar el ciclo de cocción, opara detenerlo.

TIEMPO DE RETARDO (DELAY TIMER) - Este permite retardar el ciclo de cocción. Usted usará los botones de (+/-) para ingresar el nuevo tiempo.

AVES (POULTRY) - Este ajuste cocina automáticamente a alta presion durante 15 minutos.

POSTRES (DESSERT) - Este ajuste cocina automáticamente a baja presión durante 10 minutos, aunque se puede ajustar para que lo haga a alta presión.

SOPA (SOUP) - Usted tiene aqui la opción de cocer la sopa a alta o baja presión, aunque el ajuste por defecto es alta presión por 30 minutos.

INTEGRAL (MULTIGRAIN) - Por defecto cocina a alta presión durante 40 minutos, aunque existe la opción de baja presión.

DORAR/SALTEAR (BROWN/SAUTÉ) - Este ajuste se utiliza casi exclusivamente para preparar varios ingredientes; convierte básicamente la Crock-Pot en una sartén. Esto significa que se deberá usar *sin la tapa*. Usted lo verá bastante en las recetas a continuación.

MANTENER CALIENTE (KEEP WARM) - Cuando Usted quiere mantener su comida caliente, sin que se siga cocinando, éste es el ajuste que debera utilizar. El programa dura 4 horas antes de apagar por completo el aparato.

¿Cuáles son las ventajas de la Multi-Cooker?

Con la "Multi-Cooker", Usted básicamente obtiene los beneficios tanto de ollas de cocimiento lento como de ollas de presión.

La "Multi-Cooker" siempre es conveniente
Su horario no siempre es tan rígido, y Usted necesita ser flexible con su tiempo. A veces es más ventajoso cocinar algo durante toda la noche o todo el día, y a veces Usted sólo quiere que su

comida esté lista en menos de media hora. La "Multi-Cooker" puede hacer ambas cosas, asi que es siempre flexible, como el horario del que Usted dispone.

Cocinar a Presión es el método más saludable.

Una de las ventajas exclusivas de la cocina a presión es que es el método más saludable. ¿Porqué?. Mientras más tiempo se cocina la comida, sin importar la temperatura, más nutrientes se escapan al líquido de cocción. A menos que Usted consuma dicho líquido en cada tiempo de comida, Usted se pierde una gran cantidad de importantes nutrientes. Con la olla a presión, el proceso de cocción es tan rápido, que la mayoría de nutrientes permanecen en la comida. De acuerdo con estudios, incluso un alimento extremadamente sensitivo al calor, como el brócoliconserva el 90 a 95% de su valor nutricional original.

La cocción lenta es un proceso de un solo paso

Por medio de la cocción lenta, siempre es muy poco lo que hay que preparar. No es necesario freir, dorar, ode saltear la comida antes de cocer (casi todo el tiempo); todos los ingredientes van a la olla de una sola vez. No se debe uno preocuparpor tiempos separados de cocción, y éstos casan perfectamente.
Comidas de un plato completo son muy populares en estos tiempostan ajustados, y para eso es que están diseñadas las ollas de cocimiento lento.

Usted puede cocinar de todo
En un solo aparato, Usted puede cocinar prácticamente de todo. Hay comidas que van directo a la olla, como el estofado y la sopa, y otros que utilizan el método de "bowl-in-pot (tazón en la olla)", en el que Usted utiliza este electrodoméstico como un horno. Con accesorios como el trévede y las canastas para vaporizar se puede hornear pasteles, cacerolas de huevo, y más.

Como veremos en las recetas, Usted podrá cocinar cualquier tipo de plato utilizando ya sea la función de olla de cocimiento lento o la de olla a presión.

La "Multi-Cooker " es muy fácil de usar

Aunque Usted nunca haya usado antes un aparato digital para cocinar, el uso de la "Multi-Cooker" es muy fácil de aprender. Los botones están alli para ayudar a guiarlo, pero como Usted verá en las recetas, usará muy pocos la mayor parte del tiempo. Todos están claramente etiquetados, la válvula tiene las posiciones de "cerrado" o "abierto/desfogue", y la línea de máximo nivel de comida está claramente identificada en la olla. La "Crock-Pot" viene con un libro de instrucciones, pero la mayor parte de la gente nisiquiera lo necesita.

También es segura

Una de las mayores preocupaciones acerca de las ollas de presión es que no son seguras, y aunque la marca "Crock-Pot" ha estado en el mercado por un buen tiempo, algunas personas aún se ponen nerviosas al dejar la olla de cocción lenta cuando salen de casa. La "Multi-Cooker" esta equipada con todas las características necesarias de seguridad. La "Crock-Pot" no funcionará en el ajuste de olla a presión a menos que tenga puesta la tapay el sello hermético, y se diseñaron pequeños agujeros en la tapadera para prevenir que se acumule demásiada presión. La carcasa de la "Crock-Pot" también está diseñada para permanecer fría, de forma que nadie se quemará al tomarla con las manos o tocarla, ya sea que esté en el modo de cocción lenta o el de olla a presión.

Capítulo 2: Mantenimiento y Seguridad de la "Express Multi-Cooker"

Mantener limpios los aparatos electrodomésticos es untema clave para asegurar su longevidad. La Multi-Cooker no es la excepción. La olla removible necesita ser lavada después de cada comida. Es seguro lavarla en el lavavajillas, y también puede ser lavada con una esponja suave, agua tibia y jabón. Esponjas abrasivas sólo rayarán la superficie, asi que por favor no las utilice. La carcasa puede ensuciarse también, pero fácilmente se puede limpiar simplemente con agua y una toalla de papel. También cuenta con un colector plástico de humedad que puede ser vaciado y lavado cuando sea necesario.

La tapa de la "Multi-Cooker" es la otra pieza que se debera mantener siempre limpia. Si se ensucia demásiado, y varias válvulas y otras piezas que no se deben obstruir, se ensucian, la olla no funcionará adecuadamente. El anillo hermético que provee el sello (también llamado "empaque") es removible y debe ser lavado cada 2 o 3 veces que se utilice este aparato. El empaque absorbe olores, por lo que seguramentedeberá ser lavado más a menudo si Usted acostumbra cocinar ingredientes de aromás fuertes como cebollas o tomates. Se puede pasar rápidamente bajo el grifo o lavar a mano con agua tibia y jabón. Y si el olor no se va tras una buena lavada, se puede remojar en una mezcla de agua, polvo de hornear y vinagre. Siempre debe estar seco antes de colocarlo de vuelta en la tapa. Con el tiempo, los empaques se desgastan, y se resquebrajan, y pierden el sello hermético. Cada 2 o 3 años deberá Usted comprar uno nuevo.

Al usar regularmente la "Multi-Cooker", la válvula de descarga de vapor se puede obstruir. Para lavarla, simplemente se puede sacar y limpiar el agujero con una aguja de tejer o algún instrumento más que sea largo e irrompible. Si Usted utiliza agua, cerciórese de secar bien con aire. La otra pieza que Usted quiere mantener limpia es la *cubierta* de la válvula, que se encuentra dentro de la tapadera. Esta cubierta con un pequeño tapón de metal (ver la imágen a la derecha), que puede ser sacado a presión - no desatornillado - y lavado.

Usando la "Multi-Cooker" sin peligro.

Es seguro usar la "Multi-Cooker" gracias a las características diseñadas dentro del mismo aparato. La función de cocción lenta es más segura que la de cocción a presión, simplemente porque no se debe elevar la presión, y las temperaturas son menores. Para usar sin peligro la función de cocción lenta, siempre asegúrese que la válvula de presión esté en la posición de "abierto/desfogue". De esta forma, cualquier vapor formado dentro de la olla multicocción puede escapar, en vez de acumular presión.

Cuando Usted utiliza el ajuste de olla a presión, no debe preocuparse por explosiones, pero debe ser más cuidadoso al liberar la presión En las recetas Usted verá la instrucción de ya sea dejar que la presión se libere naturalmente al finalizar la cocción, o sea que deba utilizar la válvula de "rápida liberacion". Liberar rápidamente la presión significa abrir dicha válvula de forma manual, dejando escapar el vapor acumulado. Este vapor es muy caliente, de tal modo que deberá Usted mantener alejado su rostro, asi como sus manos.
Antes de utilizar la olla Multicocción, asegúrese que todas las piezas están correctamente armadas, y que están secas. Cuando Usted agregue los alimentos, cerciórese que no hayan sobrepasado la línea de "max". Y cuando ya su comida ha sido consumida y es el momento de la limpieza, asegúrese que el aparato esté desenchufado.

Búsqueda de Fallos en la "Multi-Cooker"

Entonces, Usted está usando su olla de multicocción "Multi-Cooker" para cocinar una comida fantástica, pero algo está saliendo mal. Hay elementos que se pueden salir cuando Usted use tanto la función de cocimiento lento o lacocina a presión. He aquí una guia para que Usted solo pueda lidiar con los problemás más frecuentes:

Cocción Lenta

Comida quemada o poco cocida es común cuando se cocina a fuego lento, con comida con demásiado líquido al final del ciclo o con una olla humeante.

Comida quemada

Si Usted nota que algo se ha quemado mientras se cocinaba en la función de cocción lenta, es probable que seaun trozo de algo muy delicado, como un vegetal. Este problema se resuelve rápida y facilmente en el futuro, si se agrega un inserto o se forra por dentro la olla con papel aluminio. Con esto se está previniendo que esta comida delicada tenga contacto directo con el acero inoxidable de las paredes internas de la olla.

Comida no cocida homogénea

Un asunto común cuando se preparan estofados es que Usted acabe con vegetales pulposos y carne bien cocida. O, sus patatas aun estan duras, mientras otros ingredientes están bien. Para prevenir cocción no homogénea, asegúrese que vegetales que se cuecen más rápido estén cortados en trozos mayores que la carne, para balancear el tiempo de cocción.En cuanto a las patatas y otros ingredientes que, al parecer, tardarán más, córtelos en trozos más pequeños. Como regla general, mientras más grande el trozo, más tiempo toma cocerlo. Otra opción es añadir los ingredientes más delicados en el transcurso del proceso de cocción, lo recomendado, por ejemplo, para vegetales precocidos y congelados.

Demásiado líquido

Usted ha finalizado la cocción de un platillo, pero queda demásiado liquido. Una solución fácil es que Usted cambie el ajuste de la olla a BROWN/SAUTÉ y deje que se reduzca ese exceso. Recuerde que el cocimiento lento no involucra una gran cantidad de agua evaporada, y si la receta no requiere líquidos, no esté tentado de colocar. Los vegetales y carne aportan sus propios líquidos, de forma que no se van a cocer "en seco" y quemar.

La olla echa humo

Sale humo cuando Usted enciende por primera vez su Multi-Cooker. Luego de ello, esta situacion indica que hay comida o aceite en el elemento incandescente del aparato, junto a alguna resistencia. Pero antes de intentar repararla, apague la olla y espere a que enfríe. Una vez fría, puede limpiar el fondo de la olla y el interior de la carcasa.

Olla a Presión

Existen seis probables problemás que se pueden presentar al utilizar la función de olla a presión, y las soluciones son distintas de los que se presentan con la función de cocción lenta.

La"Multi-Cooker" no alcanza la presión
Usted está ya listo y ha puesto la función de cocción a presión, pero ésta no sube. La primera cosa a ver es el empaque y revisar

que esté colocado apropiadamente. Si hay algún bulto o aparenta estar suelto, Usted deberá comprar otro. La otra opción es asrgurarse que la válvula de presión se encuentre en posición de "cerrado" (closed).

Sale vapor y gotea agua
La"Multi-Cooker" está haciendo lo suyo, pero Usted nota que se fuga agua o vapor por la válvula de presión. Esto se debe probablemente a que alguna cosa está bloqueándola en algún punto, y la olla necesita una buena limpieza. Revise la válvula y dele unos golpecitos al "bobber"unas pocas veces (la clavija pequeña que sobresale cuando la presión está al máximo, y se hunde cuando no hay presión). El empaque también podría ser muy antiguo y estar flojo, por lo cual seria necesario conseguir uno nuevo.

Cuando Usted libera la presión sale rocío de agua o comida

Ya se terminó el tiempo y Usted presiona la válvula de liberacion de presión, y Usted consigue solamente agua o comida atomizada. Esto tiende a suceder con comidas "espumosas" como frijoles o arroz. Básicamente, cualquier comida con almidón generará espuma y, por lo tanto esta atomización. Si este es el caso, deje que la presión se libere naturalmente en este tipo de comidas y, si la receta pide este tipo de liberación de presión, siga la instrucción. Ese tiempo es a veces necesario para incluso la finalización de la cocción de la comida, asi como para prevenir esta situación. Si Usted está siguiendo correctamente el procedimiento de la receta y esto aun ocurre, lo más probable es que haya llenado la olla por sobre la linea de "max". Siempre asegúrese que la comida llegue hasta esa linea o debajo de ella.

Se pegó la tapa

Si la tapadera de la olla de multicocción "Multi-Cooker" no se puede remover luego que Usted haya liberado la presión, es porque aún hay presion adentro. Una tapa pegada es en sí una medida de seguridad. Revise y cerciórese que la válvula esté completamente abierta y, si eso no funciona, puede halarla con más fuerza. También, si coloca la función de BROWN/SAUTÉ o algún otro ajuste, este sacará toda la presión.

La comida no está suficientemente cocida

Comida poco cocida en la función de cocción a presión es común porque Usted ha utilizado demasiado líquido. Y es común puesto que la cocción a presión necesita mucho menos líquido que la de cocción lenta. Usted básicamente necesita nada más ½ tazaen cualquier receta para generar el suficiente vapor necesario para obtener la presión. Si la receta no pide líquido, es porque los ingredientes sacan el propio. El llenar demásiado la olla, seguramente le resultará en un mal cocimiento. Con la función de olla de presión, definitivamente nunca llene por sobre la línea de "max". De hecho, apenas debe ser a ½ camino para comidas que se expanden, como pasta, arroz y avena.
¿Ya probó con esas soluciones?. El problema podría residir en sus ingredientes. Vegetales y carne congelados requieren más tiempo de cocción que sus variantes descongeladas, mientras espesantes como harina y maicena pueden afectar la hechura de la comida. Agregue los espesantes *después* de liberar la presión. Para componer comida aún cruda, simplemente regrésela a la olla y colóquela en BAJA(LOW) presión por 3-5 minutos o, si Usted piensa que es demasiado, en la función deBROWN/SAUTÉ y termine de cocinar sin la tapa. De esta forma Usted podrá revisar más de cerca la cocción apropiada de la comida.

La comida está sobrecocida

La sobrecocción de la comida es un problema común para quienes no han utilizado antes una olla de presión. Los tiempos de cocimiento aquí son mucho más cortos que con otros métodos, y entonces las personas tienden a pensar que necesitan agregar un poco más de tiempo. Con tales temperaruras, tan altas, incluso unos pocos minutos crearán un gran efecto en la comida. Para prevenir la sobrecocción, siempre siga el tiempo recomendado por la receta. Siempre es mejor cocinar algopor no suficiente tiempo, pues es fácil de arreglar. La comida sobrecocida no tiene arreglo. Si su comida se está quemando, Usted probablemente deba utilizar un canasto paravaporizar o un trévede. Los trévedes se asientan abajo en la olla, y la comida, envuelta en papel aluminio o en un tazón, quedan arriba. Las canastas para vapor cuelgan desde arriba, sobre el fondo de la olla, y se utilizan para vegetales y pescado.

Capítulo 3: Utilizando el Ajuste de Cocción a Presión

Hemos descrito a detalle la olla de multicocción "Express Multi-Cooker" y hemos mencionado porqué es un electrodoméstico que debemos poseer, pero alguno aún puede estar escéptico en cuanto a la parte de la cocción a presión. ¿Exactamente, cómo se usa? ¿Y que pasa con las recetas de cocción lenta que uno ya conoce y ama? ¿Es posible prepararlas de forma acelerada utilizando la función de cocción a presión en la Multi-Cooker?

Cocinando a Presión paso-a-paso

Un montón de personas se sienten intimidadas por las ollas a presión porque aparentan ser complicadas. Sin embargo, son realmente fáciles de usar, una vez que se comprenden los términos básicos como "liberación rápida" ("quick-release") y el uso de los diferentes botones en la "Multi-Cooker" para realizar las mejores comidas. Veamos aquí cómo avanzar por una receta típica:

Paso 1: Preparacion de los Ingredientes

Este paso es cuando Usted pica, corta en trozos, rodajas, pela, etc. En varias recetas para realizar con cocción a presion, se le pedirá en las instrucciones que dore o saltee previamente ciertos ingredientes en un poquito de aceite. Ingredientes con mucho aroma, como cebolla, ajo, apio, zanahorias y especias son los más comunes. Esto ayuda a desarrollar capas de sabor que, de otra forma, tomaría demásiado tiempo crear. También, a veces, se le pedirá que "destiemple" (también "desglasee") la olla, lo que significa que vierta un poco de algún líquido comocaldo ovino, y que raspe cualquier trocito de comida pegada o quemada. En esta parte estará tratando Usted la olla como si fuera una sartén, de forma que no se coloca la tapa.

Paso 2: Sellando la tapa y seleccionando un tiempo/presión

LosIngredientes que Usted va a cocinar a presión están ya colocados dentro de la olla. Usted sella la tapadera, lo que significa cerrarla apropiadamente y cerrar la válvula de presión, de forma que la presión no pueda escapar. Usted deberá entonces escoger el tiempo y presión de cocción. En este libro, Usted por poco escogerá casi siempre BEANS/CHILI (FRIJOLES/CHILI). Realmente no hay una razón para esto, y Usted puede asi de facil escoger también MEAT/STEW (CARNE/ESTOFADO), porque Usted va a, de todas maneras, ajustar el tiempo de forma manual. Tan pronto como Usted presione el botón de alguno de los programás, se presenta en la pantalla el tiempo. Usando los botones de(+/-), va a poder obtener el tiempo que le indica la receta. Si la presión sugerida en la receta dice "BAJA" (LOW), presione el botón de AJUSTE DE PRESIÓN (PRESSURE ADJUST). Debe encenderse una luz azul en donde dice LOW. Ahora, presione el botón de INICIO (START). Esta última instrucción no está en ninguna receta, pues se asume que Usted lo presionará.

Paso 3: Liberación de la Presión

Cuando se terminó eltiempode cocción, suena la alarma del temporizador o "timer". Entoncesahora puede Usted decidir si, ya sea esperar a que la presión se libere de forma natural, o hacerlo de forma rápida. Si Usted decidió esperar, sabrá cuándo se haya liberado la presión porque elpequeño corcho de la válvula de presión se va hacia abajo, desciende. También puede Usted mover la válvula de presión a la posición de "open" (abierto), y sino sale vapor, es porque ya es seguro abrir la tapa.

A veces se le indicará, en recetas, que espere por 5 a 10 minutos a que la presión se libere naturalmente, y luego liberarla de forma rápida.

Paso 4: Cocción adicional

Dependiendo de lareceta, ahora la comida está lista para ser servida directamente al abrir la rapa, o hay algunos pasos adicionales. Este es a menudo el momento para agregar algún espesante, si es que lo requiere la receta. También sería el momento de agregar algún lácteo, pues estos productos no se comportan bien en la cocción a Presión. Lareceta podría indicar presionar de nuevo la operación "DORAR/SALTEAR" (BROWN/SAUTÉ), o mantener la olla enKEEP WARM. Si es asi, es aconsejable mantener la tapa quitada en este momento.

¡Y asi es como se cocina a presión!. El panel de control podría aparentar ser intimidante, pero todo es bellamente auto-explicable, y Usted sólo necesita unos pocos botones por receta. Si Usted está preocupado por haber arruinado algo en el panel de control, simplemente con desenchufar el aparato y comenzar de nuevo, todo se arregla.

Convirtiendorecetas de cocimiento lento a coción a presión.

Usted es como la mayoría de la gente, que ha utilizado ya una "Crock-Pot", y Usted tiene algunas recetas favoritas. Ahora que Usted tiene, también, una olla de presión, podría convertir esas recetas favoritas. Hay tres acciones que se deben realizar para tomar una receta de cocción lenta y convertirla en una de cocimiento a presión:

Cocinar ciertos ingredientes en BROWN/SAUTÉ (DORAR/SALTEAR)

Muchas recetas para cocción lenta no tienen el paso en el que se cocinan algunos ingredientes antes de cerrar la tapa. Con la cocción a presión, sin embargo, ese salteado alza un mayor sabor al producto terminado. Vea la lista de ingredientes de su receta para cocción lenta y tome aquellos que son aromáticos. Esta lista incluye cebollas, ajo, zanahorias, apio y especies enteras. También puede dorar carnes como puerco, pollo y res antes de cocer a presión.

Reducir la cantidad de líquido

Las recetas a Cocción Lenta utilizan más líquido que aquéllas a presión, por la evaporación. Durante el cocimiento a presión no se pierde ningún líquido, sin embargo, gracias al sello hermético. Usted entonces querrá *reducir* el líquido en la olla, para evitar la falta de cocción de la comida. Para calcular qué tanto usar, decida cuánto líquido quiere que permanezca en su comida terminada. Eso es lo que pondrá. Para platos como avena, arroz y pasta, Usted necesita sólamente el suficiente líquido para cubrir los ingredientes.

En otros casos Usted va a tener que, realmente, agregar líquido, si la receta para cocción lenta no lo pide. Usualmente se requiere al menos ½ tazaen la olla de presión para generar vapor. Si Usted considera que los ingredientes de la receta generarán su propio líquido, pero no está muy seguro, añada sólo unacucharada.

Reduzca el tiempo de cocción

Finalmente, escoja un tiempo de cocimiento. Será significativamente menor que el indicado para la cocción lenta. Como regla general, uno necesita sólo un 10% en cocción a presión, de lo que necesita en cocción lenta. También puede revisar en una receta comparada en linea, específicamente para ollas de presión, y ver cuánto tiempo ellos recomiendan.

Capítulo 4: Desayunos

Usted probablemente ha escuchado que "El desayuno es la comida más importante del día", aunque por suficiente tiempo ha perdido su significado, entonces no nos preocupemos con todas las razones nutricionales de porqué comer después de levantarse es importante. Las mañanas pueden ser estresantes. Las tareas de última hora que Usted tenía en segundo plano o que acaba de recordar y, si Usted tiene familia, todos van a un ritmo más lento y no están pensando en qué clase de comida está entrando en su cuerpo. La "Multi-Cooker" le permite ya sea cocinar la comida desde la noche anterior, cuando Usted está aún lúcido, o cocinar un desayuno realmente rápido que Usted puede hacer aún medio-dormido. En esta sección, Usted verá recetas para una gran variedad de cocciones y cacerolas a base de huevo, asi como las decadentes tostadas a la francesa y rollos de canela que son perfectos para los fines de semana, cuando Usted cuenta con un poco más de tiempo para dedicar a la cocina.

Pastel de Huevos y Tocino (Cocido a Presión)
Pastel de Huevos de Carne (Cocinado a Presión)
Cacerola de Desayuno Clásico (Cocción lenta)
Patatas con Queso (Cocción Lenta)
Yogurt de Semilla de Vainilla (de Coçción lenta)
Avena de coco con limón (Cocinado a presión)
Avena en hojuelas con frutas (Cocción Lenta)
Tostadas a la francesa con Nutella de fresa (Cocción Lenta)
Rollos de Canela glaseados con naranja (Cocción Lenta)
Tostadas a la francesa de Frambuesa (Cocción a Presión)

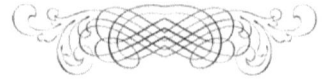

Pastel de Huevos con Tocino (Cocción a Presión)

Porciones: 4

Tiempo para preparar: 10 minutos
Tiempo de Cocción: 20 minutos
Tiempo en total: 30 minutos

Huevos con Tocino es el desayuno americano clásico y, en esta receta, ha ascendido de categoría, con hash browns y abundancia de queso. Puesto que esta receta es de Cocción a Presión, requiere un método de "bol en la olla" (o "baño María"). Esto significa que Usted llenará laCrock-Pot conagua, y luego meterá un tazón con losIngredientes dentro, sobre un trévede. La Multi-Cooker básicamente actúa como una vaporera y cocina el plato.

Ingredientes:

1 ½ tazasagua

6 rodajas picadas de tocino
1 cebolla en cubos
2 tazasde hash browns congelados
6 huevos
¼ tazade leche entera
¼ tazade queso cheddar rallado
¼ tazade queso mozarella rallado
1 cucharaditade ajo en polvo

Sal al gusto
Pimienta negra al gusto

Procedimiento:

1. Vierta agua en su Crock-Pot.
2. En una sartén, fria el tocino y cebolla hasta que estén crujientes y dorados.
3. Añada los hash browns ymueva hasta que comiencen a deshielar.
4. En otro tazón, bata los huevos, leche, quesos y el sazón, todo junto. Agregue la mezcla de tocino, cebolla y hash brown.
5. Engrase otro razón que sea resistente a ollas de presión. Éste dará la forma a su plato.
6. Coloque un trévede en su Crock-Pot y coloque el tazón sobre él.
7. Selle la tapa.
8. Presione el botón de BEANS/CHILI y cocine a alta presión por 20minutos.
9. Cuando esté listo eltiempo, libere rápido la presión. Asegúrese que el plato esté a160-grados.
10. ¡Saque el plato de la olla y sirva!

Información Nutricional (¼ receta):
Calorías totales:307
Proteinas: 21
Carbohidratos: 15
Grasas: 16
Fibra: 2

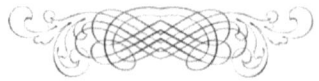

Pastel de Huevo y Carne (Cocción a Presión)

Porciones: 4

Tiempo para preparar: 5 minutos
Tiempo de Cocción: 30 minutos
Tiempo en total: 35 minutos

Contres tipos de carne, este plato definitivamente no es vegano. El tiempo de preparación es realmente corto, a apenas 5 minutos. Usted mezcla todo en un tazón, lo empaca suelto en papel aluminio, y lo coloca en su Crock-Pot por 30 minutos. El plato debe salir de la olla como un pastel de queso, carnoso, y ¡está listo para comer!.

Ingredientes:

1 tazade agua
6 huevos
½ tazade leche entera
Sal al gusto
Pimienta negra al gusto
4 rodajas de tocino precocido y picado
1 tazade carne de res precocida entera
½ taza de tocino canadiense en cubos
1 tazade queso mexicano rallado

Procedimiento:

1. Colocar agua en su Crock-Pot.
2. En un tazón, mezclar huevos, leche y sazonadores.
3. Agregar las carnes y el queso.
4. Colocar en un trasto resistente a olla de presión, previamente engrasado.
5. Cubrir suavemente con papel aluminio y colocar sobre un trévede entre la Crock-Pot.
6. Sellar la tapa.
7. Cocinar en la función BEANS/CHILI por 30 minutos a alta presión.
8. Al finalizar el tiempo, liberar rápido la presión. El pastel debe estar a al menos 160-grados.
9. ¡Servir caliente!

Información Nutricional (¼ receta):
Calorías totales: 381
Proteinas: 30
Carbohidratos: 3
Grasas: 26
Fibra: 0

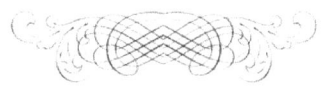

Cacerola de Desayuno Clásico (Cocción Lenta)

Porciones: 6

Tiempo para preparar: 10 minutos
Tiempo de Cocción: 6-8 horas
Tiempo en total: 6 horas, 10 minutos – 8 horas, 10 minutos

Cuando Usted no quiera preparar el desayuno por la mañana, esta es la receta a buscar. Lleva 6 a 8 horas, que quiere decir que se cocina durante toda la noche, mientras Usted tiene bellos sueños. Con hash browns, salchicha de cerdo, queso y montones de sazonadores, podrá Usted dar de comer a más de seis personas con esta cacerola, o tener sobras que pueden servir para otro tiempo.

Ingredientes:

8 huevos
¾ tazade leche entera
½ cucharaditade cebolla en polvo
½ cucharaditade paprika
Sal al gusto
Pimienta al gusto
4 ½ tazasde hash browns
8-onzas de salchicha de cerdo precocida y en rodajas
1 ½ tazasde queso cheddar rallado
4 echalotas picadas

Procedimiento:

1. Engrasar la Crock-Pot o meter un inserto
2. En un tazón, mezclarhuevos , leche, y sazonadores.
3. Colocar al fondo ⅓ de los hash browns en su Crock-Pot, luego añadir ⅓ de la salchicha en rodajas, las echalotas, y el queso, un tercio de cada uno. Repetir la capa iniciando de nuevo con los hash browns, otro tercio, hasta el queso, y el resto de nuevo hasta finalizar en queso.
4. Agregar la mezcla de huevos.
5. Cerrar la tapa.
6. Presionar el botón de SLOW COOK y cocinar a fuego lento por 6-8 horas.
7. Asegurarse que la cecerola esté a 160-grados.
8. ¡Sirva!

Información Nutricional (⅙ receta):
Calorías totales:654
Proteinas: 27
Carbohidratos: 45
Grasas: 40
Fibra: 3

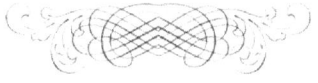

Patatas con Queso (Cocción Lenta)

Porciones: 8

Tiempo para preparar: 5 minutos
Tiempo de.cocción: 4-5 horas
Tiempo en total: 4 horas, 5 minutos – 5 horas, 5 minutos

Patatas en el desayuno son un alimento compañero perfecto para antes odespués de una buena sesión de ejercicio. O, en un día que Usted simplemente necesita una buena recarga de carbohidratos, ¿porqué no? Cocinadas conpimiento morrón (pimentón), cebolla, y salchicha de verano, estas patatas no son másque una nota de "todo en uno", y la adición de crema ácida y cremade pollo asegura una deliciosa cremosidad de la que no podrá saciarse.

Ingredientes:

4 libras de patatas doradas Yukon, en cubos
2 unidades de pimiento morrón (pimentón) amarillos cortados en cubos

1 cebollaen cubos
1 salchicha de verano en rodajas
1 ½ tazasde queso cheddar rallado
½ tazadecrema agria
1 lata (10.5-onzas) de crema de pollo en sopa
1 cucharadita de sazonador italiano
Sal al gusto
Pimienta al gusto

Procedimiento:

1. Engrasar o forrar su Crock-Pot.
2. Colocar todos los ingredientes en la olla, mezclando bien.
3. Presionar el botón de SLOW COOK y cocinar en LOW (BAJO) por 4-5 horas.
4. ¡Servir caliente!

Información Nutricional (⅛ receta):
Calorías totales:475
Proteinas: 18
Carbohidratos: 60
Grasas: 21
Fibra: 7

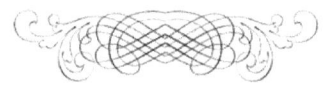

Yogurt de Semilla de Vainilla(Cocción Lenta)

Porciones: 8-10

Tiempo para preparar: 30 minutos

Tiempo de.cocción: 10 horas
Tiempo de refrigeración: 8 horas
Tiempo en total: 18 horas, 30 minutos

Hacer yogurt en casa lleva un tiempo, pero lo vale. Es mucho más saludable y Usted le puede aportar cualquier sabor que desee. Esta receta es para un sabor muy básico de vainilla, usando tanto extracto de vainilla como la vaina. Primero, caliente leche a 180-grados, y luego enfríela, inmediatamente. Aqui va el cultivo iniciador de yogurtque es simplemente cualquier yogurt sin sabor que tenga aun vivo el cultivo. Agregue el saborizante de vainilla y cocine en el ajuste de YOGURT durante las siguientes 10 horas. Y el juego de la espera continúa; el yogurt se asienta en el refrigerador durante 8 horas antes de estar listo.

Nota de Cocina: El ajuste de YOGURT llega hasta 12 horas. Mientras más tiempo Usted escoja, menos ácido será su yogurt.

Ingredientes:

½ galón de leche entera
2 cucharadasde cultivo iniciador de yogurt
2 cucharadasde extracto puro de vainilla Las semillas raspadas con la punta de un cuchillo de 2 vainas de vainilla

Procedimiento:

1. Coloque laleche en su Crock-Pot y cierre la tapa.
2. Presione el botón de YOGURT y seleccione HIGH (ALTA) temperatura.
3. Bata durante el proceso de calentamiento, revisando también constantemente la temperatura.
4. La temperatura que se desea alcanzar es de 180-grados.
5. Llene su fregadero con agua fría.

6. Saque cuidadosamente el recipiente removible de su Crock-Pot y coloque dentro del agua fría en el fregadero, sin que ésta ingrese a la leche
7. Enfríe laleche hasta que alcance al menos 105-grados, batiendo frecuentemente.
8. Con cuchara pase un poco de esta leche a un tazón separado, y bata el cultivo iniciador de yogurt.
9. Regrese al tazón de la leche este iniciador de yogurt y continúe batiendo suavemente hasta que todo se incorpore.
10. Seque el fondo de la Crock-Pot, y regrese a su punto sobre el elemento de calor.
11. Añádale las semillas de vainilla que ha raspado con la punta de un cuchillo de la vaina partida a la mitad longitudinalmente, y agregue también el extracto de vainilla.
12. Presione de nuevo el botón de YOGURT, ajustando al temperatura a LOW (BAJO) esta vez, y ajuste el tiempo a 10 horas.
13. Cuando se ha acabado eltiempo, saque la olla removible de la Crock-Pot y métala en el refrigerador, cubierto con papel aluminio.
14. Espere 8 horasantes de consumir.

Información Nutricional (⅛ receta):
Calorías totales:150
Proteínas: 8
Carbohidratos: 11
Grasas: 8
Fibra: 0

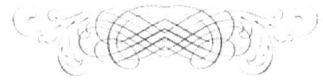

Avena de Coco-Limón (Cocción a Presión)

Porciones: 4

Tiempo para preparar: 1 minuto
Tiempo de.cocción: 10 minutos
Liberación Natural de presión: 10 minutos
Tiempo en total: 21 minutos

El coco y el limón es una pareja de sabores tropicales hecha en el cielo. Son la adición perfecta, ligeramente dulce, sabor a nuez y tarta, para agregar a la avena en hojuelas, que se cocina en la leche de coco llena de grasa por sólo 10 minutos en la Crock-Pot. Yo podría comer esta avena como postre, pues es muy buena, pero es "libre de culpa", por lo que me siento totalmente bien devorándola también en un desayuno.

Ingredientes:

1 taza de hojuelas secas de avena
1 tazade leche de coco entera
2 ½ tazasde agua
Una pizcade sal
¼ tazade coco rallado
2 cucharaditas de rayo de limón
Miel al gusto

Procedimiento:

1. Engrase bien su Crock-Pot.
2. Coloque la avena, leche y agua en la olla.

3. Presione el botón BEANS/CHILI y ajuste el tiempo para 10 minutos.
4. Cuando se ha terminado el tiempo, apague su Crock-Pot y deje que la presión se libere de forma natural.
5. La avena puede parecer que está líquida, pero si la agita, se espesa
6. ¡Sirva con el coco rallado, rayo de limón y miel al gusto!

Información Nutricional (¼ receta):
Calorías totales: 318
Proteinas: 6
Carbohidratos: 49
Grasas: 12
Fibra: 4

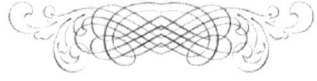

Avena en hojuelas con fruta (Cocción Lenta)

Porciones: 8

Tiempo para preparar: 1 minuto
Tiempo de cocción: 8 horas
Tiempo en total: 8 horas, 1 minuto

¿Usted ama las bayas? Entonces este es un desayuno para Usted. La avena en hojuelas se cuece en agua, leche de coco, y mantequilla, y luego se remata con una mezcla de frambuesas, arándanos y moras. Pueden estar frescas o congeladas. Para endulzar, agregue un poco de miel. Esta receta puede ser cocinada durante la noche, mientras Usted duerme.

Ingredientes:

2 tazas de hojuelas secas de avena
6 tazasde agua
2 tazasde leche de coco sin endulzar (como seda)
2 cucharadasde mantequilla
1 cucharadade canela
1 tazade frambuesas
1 tazade arándanos
½ tazade moras
Miel al gusto

Procedimiento:

1. Engrase bien su Crock-Pot.
2. Coloque todos los ingredientes en la olla, y cierre la tapa.
3. Presione el botón de SLOW COOK (COCCIÓN LENTA) y ajuste el tiempo a 8 horasen LOW(BAJA).
4. Cuando se acabe el tiempo, mezcle la avena.
5. ¡Agregue las bayas y endulce!

Información Nutricional (⅛ receta):
Calorías totales:199
Proteinas: 6
Carbohidratos: 33
Grasas: 7
Fibra: 5

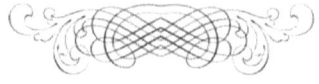

Tostadas a la Francesa con Nutella-Fresa (Cocción Lenta)

Porciones: 8

Tiempo para preparar: 12 minutos
Tiempo de cocción: 2 horas
Tiempo en total: 2 horas, 12 minutos

¿Preparando desayuno para alguien especial? Esta es la receta perfecta de tostadas a la francesa para suMulti Cooker. Usted necesita un pan robusto, para que cuando lo remoje en leche, huevos y Nutella por 10 minutos, no se ponga muy suave. Cocine por dos horasen SLOW COOK, y luego ¡sirva con fresas suavizadas a la sartén!

Ingredientes:

1 librade algún pan robusto cortado en cubos (como elchallah)
6 huevos
2 tazasde leche entera
2 cucharadas deNutella
1 cucharadade vainilla pura
1 cucharaditade canela
Una pizca de sal de mar
10 fresas frescas rodajadas
1 cucharadade azúcar blanco
1 cucharadade mantequilla

Procedimiento:

1. Ponga su pan entre la Crock-Pot.

2. En un tazón, mezcle los huevos, leche, Nutella, vainilla, canela y sal.
3. Vierta sobre el pan, mezcle y remoje por 10 minutos.
4. Cierre la tapa.
5. Presione el botón de SLOW COOK (COCCIÓN LENTA)y cocine en HIGH (ALTO) por 2 horas.
6. Cuando falten 15 minutos o algo asi en el temporizador, mezcle las fresas y el azúcar en un tazón.
7. Agregue mantequilla a la sartén y derrítala.
8. Agregue las fresas azucaradas a la mantequilla derretida y cocine por 2 minutos o algo así, mezclando.
9. Al servir, ¡agregue con una cuchara la mezcla de fresas a las tostadas francesas con Nutella!.
1.

Información Nutricional (⅛ receta):
Calorías totales:509
Proteinas: 18
Carbohidratos: 71
Grasas: 17
Fibra: 1.5

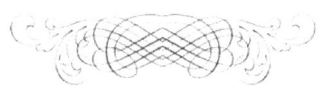

Rollos de Canela Escarchados con Naranja (Cocción Lenta)

Porciones: 10-12

Tiempo para preparar: 25 minutos
Tiempo de.cocción: 2 horas
Tiempo en total: 2 horas, 25 minutos

Los rollos de canela son un placer que me hace sentir culpable. Siempre estoy buscando un pretexto para hacerlos. Estos son ideales para la mañana de Navidad, pero puedo justificar cocinarlos para casi cualquier ocasión. La mása es la mezcla estándard de leche, levadura, azúcar, sal, mantequilla, huevos y harina, mientras que el relleno es también la mezcla normal de mantequilla, azúcar y canela. ¿Porqué meterse con la perfección?. El glaseado es lo que realmente amo. Se usa tanto jugo como rayo de naranja, para que el sabor realmente se aprecie.

Ingredientes:

¾ tazade leche entera
2 ¼ cucharaditas de levadura instantánea
¼ taza (+1 cucharadita) de azúcar blanco
1 cucharaditade sal
3 cucharadasde mantequiñla derretida
1 huevo
2 ¾ tazasde harina de trigo

5 cucharadasde mantequilla suavizada
1 cucharadade canela entera
⅓ tazade azúcar blanco

2 tazasde azúcar en polvo (glasé)
¼ tazade jugo de naranja
3 cucharadasde leche entera
3 cucharaditas de rayo de naranja
Una pizcade sal

Procedimiento:

1. Hacer antes la masa: calentar leche hasta que esté tibia, y luego colocar en la batidora-amasadora.

2. A mano, agregar la levadura y 1 cucharaditade azúcar.
3. Esperar 5-10 minutoshasta que suba la masa.
4. A baja velocidad, batirle a la masa ¼ tazade azúcar, sal, mantequilla, huevo, y 2 tazasde harina.
5. Gradualmente añadir el resto de la harina, a ¼ taza ala vez, hasta que la masa sea suave y de consistencia elástica.
6. Enharinar una tabla de cortar y amasar la masa a mano por 2 minutos.
7. Dejar reposar por 10 minutos.
8. Ahora para el relleno. Formar un rectángulo con la masa aplanada.
9. Aplicar mantequilla con brocha.
10. Mezclar canela y azúcar y rociar sobre la masa.
11. Enrollar lo más apretado que se pueda.
12. Con un cuchillo afilado y mojado, cortar en rodajas, 10-12 piezas. ¡Estos serán sus rollos!
13. Colocar adentro de su Crock-Pot, bien engrasada o forrada.
14. Colocar hasta arriba una toalla de papel, antes de cerrar la tapa.
15. Cocinar en la función SLOW COOK (COCCIÓN LENTA)por 2 horasa temperatura alta.
16. Para hacer el glaseado, mezclar todos los ingredientes.
17. Al servir, simplemente rociar con el glaseado los rollos, como llovizna, ¡y disfrute!

Información Nutricional (1/10 receta):
Calorías totales:355
Proteínas: 6
Carbohidratos: 61
Grasas: 11
Fibra: 2.5

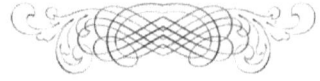

Tostadas a la Francesa, de Frambuesa (Cocción a Presión)

Porciones: 8

Tiempo para preparar: 15 minutos
Tiempo decocción: 25 minutos
Tiempo en total: 40 minutos

Para ser una receta para Tostadas a la Francesa es realmente impresionante la rapidez, puesto que se prepara en la olla a presión de la Crock-Pot. Cocina en una cazuela para pastel sobre un trévede, asi que recuerde meter una taza de agua de inmediato en la Crock-Pot. Es ideal utilizar un pan robusto, como el Challah. La cubierta, que no se prepara en la Multi-Cooker, es frambuesas, jugo de naranja, azúcar, canela y una pizca de sal. Aplástelas todas juntas, caliéntelas en una sartén, y los jugos y azúcar se mezclan bellamente.

Ingredientes:

1 tazade agua

4 cucharadasde mantequilla derretida
½ tazade azúcar
2 tazasde leche entera
3 huevos
1 cucharadade vainilla pura
Una pizcade sal
1 hogaza de pan robusto cortada en cubos

2 tazasde frambuesas frescas
¼ tazade jugo de naranja
½ tazade azúcar
Una pizca de canela
Una pizcade sal

Procedimiento:

1. Poner 1 tazade aguaen su Crock-Pot.
2. En un tazón, mezclar mantequilla, azúcar, leche, huevos, vainilla y sal.
3. Colocar el pan en cubos en un tazón grande, y verter encima la mezcla líquida.
4. Remojar por 10 minutos.
5. Meter en una cacerola para pastel, engrasada, que Usted ya sepa quede bien dentro de la Crock-Pot.
6. Colocar un trévede dentro de la Crock-Pot y colocarla cacerola sobre él.
7. Sellar la tapa.
8. Presionar el botón de BEANS/CHILI y ajustar el tiempoa 25 minutosa alta presión.
9. Colocar losIngredientesen un segundo tazón,y machacarlos con el envés de una cuchara.
10. Calentar en una sartén durante un par deminutos, hasta que las bayas se espesan y burbujean.
11. Cuando suene la alarma del temporizador de la Crock-Pot, liberar la presión de forma rápida.
12. ¡Servir las Tostadas a la Francesa con la cubierta encima!

Información Nutricional (⅛ receta):
Calorías totales:572
Proteínas: 13
Carbohidratos: 94
Grasas: 16
Fibra: 3

Capítulo 5: Ternera + Cordero

Ternera y Cordero - las otras carnes rojas - y perfectas proteínas tanto para cocción lenta como a presión. Tienden a ser un poco más duras, y ambos métodos de cocción son excelentes para romper los más duros cortes y derretir la grasa, para que las comidas terminen siendo muy suaves y hagan agua la boca. En esta sección, Usted encontrará tanto cocción lenta como recetas rápidas para clásicos como carne a la stroganoff, bistec a la Salisbury y pienas de cordero. Las especias son importantes para lograr variedad, entonces espere sabores como paprika, sésamo y jengibre. ¡Es emocionante!

Bourguignon de Ternera (Cocción Lenta)
Bife de Mongolia (Cocción Lenta)
Carne a la Stroganoff (Cocción a Presión)
Costilla con sésamo y jengibre (Cocción Lenta)
Faldón de Ternera con de paprika y Chili (Cocción Lenta)
Tortitas de Carne a la Salisbury (Cocción a Presión)
Filete con Patatas para noches de semana (Cocción Lenta)
Picado de Patatas y Ternera (Cocción a Presión)
Curry Sencillo de Cordero (Cocción Lenta)
Piernas de Cordero al ajo (Cocción a Presión)

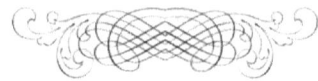

TerneraBourguignon (Cocción Lenta)

Porciones: 6

Tiempo para preparar: 10 minutos
Tiempo de.cocción: 8-10 horas
Total tiempo: 8 horas, 10 minutos – 10 horas, 10 minutos

Un platillo francés clásico, de la región de Burgundia, este estofado de ternera se cuece a fuego lento durante 8 a 10 horas en vino tinto y caldo de pollo. También lleva patatas, este estofado es muy buen compañero y seguramente logrará satisfacer el estómago más vacío. Usted prepara los ingredientes (dorando y deglaseando) en una sartén, y luego todo termina en la Crock-Pot.

Ingredientes:

3 libras de corte de ternera deshuesada, cortado en cubos
sal al gusto
pimienta al gusto
Un gorgoteo de aceite de oliva extra virgen
1 tazade vino tinto
2 tazasdecaldode pollo
½ tazade salsa de tomate
¼ tazade salsa de soja
¼ tazade harina
1 librade patatas doradas Yukon
5 zanahirias en rodajas

3 dientes de ajo machacados
Sazón italiano al gusto

Procedimiento:

1. Sazonar la ternera con sal y pimienta..
2. Poner aceite en una sartén y calentar.
3. Cuando esté caliente, sellar la ternera en él.
4. Mientras se sella la ternera, engrasar la Crock-Pot
5. Cuando la ternera ya esté dorada, echarla en la Crock-Pot.
6. Colocar vino tinto en la sartén y deglaseeraspando cualquier pedacito de ternera que haya quedado en él.
7. Bajar el fuego a la sartén hasta que se reduzca un poco el vino, y luego agregar lmel caldo de pollo, salsa de tomate y salsa de soja.
8. Batirle harina, hasta que esté homogeneo, y luego verter en la Crock-Pot.
9. Añadir el resto de ingredientes en la Crock-Pot y mezclar
10. Cocinar en SLOW COOK en el ajuste de LOW (BAJO) por 8-10 horas.
11. ¡Servir caliente!

Información Nutricional (⅙ receta):
Calorías totales:637
Proteinas: 48
Carbohidratos: 26
Grasas: 37
Fibra: 2.6

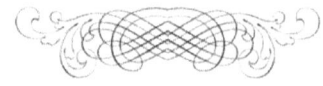

TerneraMongola (Cocción Lenta)

Porciones: 4-6

Tiempo para preparar: 1 minuto
Tiempo decocción: 8-10 horas
Tiempo para la Salsa: 5 minutos
Tiempo en Total: 8 horas, 6 minutos – 10 horas, 6 minutos

Es impresionante cómo se vuelven de adictivos ciertos ingredientes cuando se juntan. La salsa para esta ternera a la Mongolia es una de esas combinaciones. Salsa de soja, agua, azúcar moreno, ajo y jengibre sirven como base para el rostizado del corte. Todo se cuece por 8-10horas. Se sirve con Arrozy echalotas hasta arriba, para una explosión de brillantez.

Ingredientes:

2 libras de aguja de ternera
½ tazade salsa de soja
½ tazade azúcar moreno
¼ taza deagua
4 dientes de ajo machacados
½ cucharaditade jengibre entero
2 cucharadasde maicena (almidón de maiz)
4 echalotas en rodajas
4-6 tazasdeArrozya cocido

Procedimiento:

1. Colocar la carne, salsa de soja, agua, azúcar moreno, ajo y jengibre en suCrock-Pot.
2. Mezclar y cerrar la tapa.
3. Cocinar en el ajuste SLOW COOK a temperatura baja (LOW) durante 8-10horas.
4. Cuando se ha acabado el tiempo, romper un poco y emplatar la carne, cubriendo con papel aluminio.
5. Para espesar la salsa, pasar a otro recipiente ½ tazadel líquido en el que se cocinó. .
6. Mézclarle y batirle maicena hasta que esté homogeneo.
7. Regresarli a la Crock-Pot, presionando el ajuste BROWN/SAUTÉ.
8. Batira mano hasta que la salsa tenga el espesor deseado.
9. ¡Servir la carne con salsa con arroz y echalotas arriba!

Información Nutricional (¼ receta):
Calorías totales:521
Proteinas: 48
Carbohidratos: 57
Grasas: 8
Fibra: 0

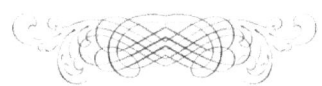

Carne a la Stroganoff (Cocción a Presión)

Porciones: 4

Tiempo para preparar: 10 minutos
Tiempo decocción: 8 minutos
Liberación natural de la presión: 5 minutos
Tiempo Total: 23 minutos

La carnestroganoff generalmente toma bastante tiempo, pero el proceso se puede acelerar utilizando el ajuste de cocción a presión de la Multi-Cooker, sin sacrificar el sabor. Usted dora juntos la carne, ajo y cebolla, y luego lo sazona bien con una simple mezcla de paprika, sal y pimienta. Los ingredientes para la salsa van después, y se cocina por apenas 8 minutos. Los espaguetti se cocinan por aparte, pues sólo toma 5 minutos o algo así. Espere a que la presión se libere naturalmente, y luego sirva concrema agria .

Ingredientes:

Un chorrito de aceite de oliva
1 librade carne picada
1 cebollaen cubos
3 dientes de ajo machacados
1 cucharaditade paprika
Sal al gusto
Pimienta al gusto
1 cucharadade harina
1 lata (10.5-onzas) de crema de champiñones
3 tazasde caldo de res
3 tazas de espaguetti seco
1 tazade crema agria

Procedimiento:

1. Poner un poco de aceite de oliva en su Crock-Pot y presionar BROWN/SAUTÉ.
2. Cuando esté caliente, colocar la carne picada, cebolla y ajo
3. Mover hasta que esté dorado.
4. Cuando ya no se vea nada rosado, sazonar bien con la paprika, sal y pimienta.
5. Apagar la olla.

6. Agregar el harina
7. Agregar la sopa y elcaldo.
8. Sellar la tapa.
9. Presionar el botón de BEANS/CHILI y ajustar el tiempoa 8 minutosa alta presión.
10. Mientras eso se cocina, seguir las instrucciones del paquetepara cocinar la pasta.
11. Cuando suene el temporizador, esperar 5 minutos, y luego liberar rápido la presión.
12. Asegúrrse que laTernera está a 160-grados, y mezcle todo.
13. ¡Sirva con crema agria !

Información Nutricional (¼ receta):
Calorías totales:505
Proteinas: 33
Carbohidratos: 33
Grasas: 27
Fibra: 0

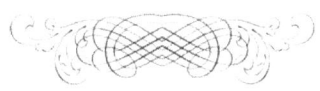

Costillitas con Sésamo y Jengibre (Cocción Lenta)

Porciones: 8

Tiempo para preparar: 5 minutos
Tiempo decocción: 7-8 horas
Tiempo para la salsa: 10 minutos
Total en tiempo: 7 horas, 15 minutos – 8 horas, 15 minutos

Las costillitas son un plato común en las barbacoas coreanas, y son una de mis formás favoritas de preparar carne. En la Crock-Pot, les lleva 7-8 horas en la función de cocimiento lento, y salen tan tiernas, que el hueso se sale de la carne. La salsa es la mejor combinación de salado, dulce y sabroso, con ingredientes como salsa de soja, azúcar moreno, jengibre y aceite de sésamo. ¡Sirva las costillitas con Arroz!

Ingredientes:

½ tazade salsa de soja
½ tazadecaldode res
¼ tazade azúcar moreno
4 dientes de ajo picados
½ cucharaditade jengibre entero
1 cucharaditade aceite de sésamo
1 cucharaditade hojuelas de pimienta roja machacadas
1 cucharadita de perejil deshidratado
5 libras de costillitas con hueso
2 cucharadasde almidón de maíz (maicena)
6 tazasdeArrozcocido

Procedimiento:

1. En un tazón, mezcle la salsa de soja, el caldo, azúcar, ajo, jengibre, aceite de sésamo, pimienta roja y perejil deshidratado.
2. Engrase su Crock-Pot o coloque un forro.
3. Corte sus costillitasaltravésen pedazos de unhuesito.
4. Coloque en la olla y agregue encima la salsa.
5. Cierre la tapa.
6. Cocine en SLOW COOK, en el ajuste de BAJO (LOW) por 7-8 horas.

7. Cuando esté listo el tiempo, las costillitas deberan estar tiernas y que se salga el hueso de la carne.
8. Paea espesar la salsa, saque a otro recipiente ½ tazadel líquido de cocción.
9. Mézclele el almidón de maiz (maicena) hasta que esté homogéneo.
10. Presione el ajuste BROWN/SAUTÉ de su Crock-Pot, y vierta la mezcla de maicena.
11. Cocine hasta que la salsa tenga el espesor deseado.
12. ¡Sirva conArroz!

Información Nutricional (⅛ receta):
Calorías totales:805
Proteinas: 54
Carbohidratos: 33
Grasas: 50
Fibra: 0

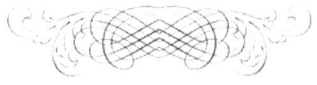

Faldón de Ternera con Paprika y Chili (Cocción Lenta)

Porciones: 4

Tiempo para preparar: 5 minutos
Tiempo decocción: 3-4 horas
Tiempo para la salsa 10 minutos
Total en tiempo: 3 horas, 15 minutos – 4 horas, 15 minutos

El faldón de ternera es clásico en las barbacoas de Texas. Para los mejores platos, Usted querrá cocinar a fuego lento el faldón durante 3-4 horas. Se cuece tanto en el caldo de res como en vino y, para más riqueza, sazone generosamente con sal, paprika y polvo de chili. Me gusta mi faldón con un poco de calor. Para hacer la salsa gravy para la carne, simplemente mezcle almidón de maiz (maicena) al liquido de cocción y baje el fuego hasta que espese.

Ingredientes:

2 libras de faldón de Ternera
1 ⅓ tazasde caldo de res
¼ tazade vino tinto
1 taza de cebolla en cubos
5 dientes de ajo picados
2 cucharaditas de salmarina
1 cucharaditade paprika
1 cucharadade polvo de chili
¼ tazadeaguafría
2 cucharadasde almidón de maiz (maicena)

Procedimiento:

1. Engrase su Crock-Pot o ponga un forro.
2. Agregue el faldón.
3. Luego meta el caldo y vino.
4. Añada el ajo y cebolla alrededor del faldón.
5. Sazone de forma homogénea con sal, paprika y polvo de chili.
6. Cierre la tapa.
7. Presione el ajustede SLOW COOK y cocine enLOW por 3-4 horas, hasta que la ternera esté a 145-gradosen su parte más gruesa.
8. Saque elfaldón y deje reposar.
9. Mientras descansa, saque ½ tazadel caldo y mezcle conagua.
10. Bata el almidón de maíz hasta que esté homogéneo.

11. Presione el ajuste SAUTÉ/BROWN en su Crock-Pot, y bata su mezcla con maicena hasta que espese.
12. ¡Sirva el faldón con la salsa gravy!

Información Nutricional (¼ receta):
Calorías totales:656
Proteinas: 41
Carbohidratos: 6
Grasas: 50
Fibra: 0

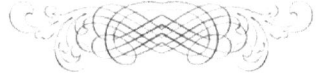

Tortitas de Carne a la Salisbury (Cocción a Presión)

Porciones: 6-8

Tiempo para preparar: 15 minutos
Tiempo decocción: 12 minutos
Tiempo para la salsa gravy: 6 minutos
Total entiempo: 33 minutos

Un programa favorito para comida en la TV obtiene un ascenso alutilizar el ajuste de cocción a presión en la Multi-Cooker. Usted haga el "bistec" con carne, pan estilo "panko", huevos, y sazonadores como cebolla en polvoy ajo. Esto le da un buen dorado, junto con los champiñones y la cebolla. Cocinar en el caldoy vinagre balsámico durante 12 minutos. Para hacer la salsa gravy, sólo espese el líquido en elque se cocinó con un compuesto acuoso a base de maicena.

Ingredientes:

2 libras de Carne Molida deTernera
⅓ tazade migajas de pan Panko
1 huevo
1 cucharaditade pimienta negra
½ cucharaditade cebolla en polvo
½ cucharaditade ajo en polvo
½ cucharaditade sal
1 cucharaditade sazón italiano
2 cucharadasde aceite de oliva extra virgen
1 cebollaen rodajas
1 libradechampiñones con tallo y rodajados
2 tazasde caldo de res
1 cucharadade vinagre balsámico
2 cucharadasdeaguafría
1 cucharadade maicena

Procedimiento:

1. En un tazón, mezclar la carne molida, migajas de pan, huevo y sazonadores secos.
2. Con sus manos, dar forma a la carne en seis a ocho tortitas.
3. Presionar el ajuste BROWN/SAUTÉ en su Crock-Pot y agregar el aceite.
4. Cuando esté caliente, dorar las tortitas por los dos lados.
5. Emplatar las tortitas por ahora.
6. Poner la cebolla en la olla caliente, y cocinar hasta que esté dorada.
7. Agregar los campiñones y cocinar por otro minuto.
8. Meter las tortitas y verter el caldo de res y vinagre balsámico encima.
9. Sellar la tapa.
10. Presionar el ajuste BEANS/CHILI y ajustar eltiempoa 12 minutos.

11. Cuando el tiempo se acabe, apagar la olla y liberar la presión de forma rápida.
12. La carne molida debe estar cocida a 160-grados.
13. Sacar y emplatar por ahora las tortitas, cebolla y champiñones.
14. Para hacer la salsa gravy, presionar de nuevo BROWN/SAUTÉ.
15. En un tazón, mezclar aguay maicena hasta que esté homogenea la mezcla.
16. Meter en la Crock-Pot, y mezclar hasta que espese.
17. ¡Servir las tortitas con salsa gravy!

Información Nutricional (⅙ receta):
Calorías totales:323
Proteinas: 37
Carbohidratos: 8
Grasas: 17
Fibra: 1

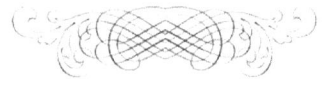

Bife con Patatas para Noches de Semana (Cocción Lenta)

Porciones: 6

Tiempo para preparar: 12 minutos
Tiempo decocción: 7-8 horas
Total en tiempo: 7 horas, 12 minutos – 8 horas, 12 minutos

Estamos a media semana, y Usted no sabe qué cocinar cuando regresa a casa del trabajo o escuela. Comience este plato por la mañana, y estará listo cuando Usted vuelva. Simplemente dore un bife en algo de aceite de oliva, y cocine con tomates y patatas durante 7-8 horas.

Nota de Cocina: El bife se cocina a145-grados, que es menor que los 160 que se necesitan para carne molida.

Ingredientes:

2 libras de carne para bife sin huesos y cortada en cubos
Sal al gusto
Pimienta al gusto
3 cucharadasde harina
1 cucharadade aceite de oliva exta virgen
1 cebollagrande picada
1 (14.5-onzas) lata de tomates cortados en cubos al estilo italiano
1 librade patatas doradas Yukon, en cubos

Procedimiento:

1. Engrasar su Crock-Pot o poner un forro.
2. Sazonar la carne de ternera con sal, pimienta y harina.
3. Colocar aceite en una sartén y calentar.
4. Agregar la ternera y mover hasta que se dore por todos lados.
5. Colocar las cebollas, tomates, carne dorada y patatas en la Crock-Pot.
6. Presionar el ajuste de SLOW COOK y cocinar en temperatura baja (LOW) durante 7-8 horas.
7. Cuando ya pasó eltiempo, asegurarse que la ternera esté a 145-grados.
8. ¡Servir!

Información Nutricional (⅙ receta):

Calorías totales:356
Proteínas: 36

Carbohidratos: 23
Grasas: 14
Fibra: 2.8

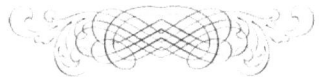

Picadillo de Ternera y Patatas (Cocción a Presión)

Porciones: 6

Tiempo para preparar: 1 minuto
Tiempo decocción: 40 minutos
Liberación Natural de la Presión: 10 minutos
Tiempo Total: 51 minutos

Un plato fácil y rápido que sólo utiliza 7 ingredientes. Es un juego con lo más básico de comidas que utilizan bife - Ternera y Patatas. Cocine el caldo de ternera, cebolla, ajo y carne con una cucharadade salsa Worcestershire durante 30 minutos, y luego suelte la presión después de 10 minutos. Ahora entran las patatas, pues les toma menos tiempo cocerse, y entonces cocine a presión durante otros 10 minitos. Para aportar frescura, sazone el plato terminado con sazonador italiano.

Ingredientes:

1 tazadecaldode res
1 cebollapicada
3 dientes de ajo machacados
3-libras de carne molida sin hueso
1 cucharadade salsa Worcestershire

4 patatas picadas
Sazonador italiano al gusto

Procedimiento:

1. Colocar caldo, cebolla, y ajo en su Crock-Pot.
2. Añadir la carne.
3. Poner encima la salsa Worcestershire.
4. Sellar la tapa.
5. Presionar el ajuste de BEANS/CHILI y ajustar eltiempoa 30 minutos.
6. Cuando ha finalizado eltiempo, esperar10 minutospara unaliberación Natural de la Presión, y luego liberar el resto de presion de forma rápida.
7. Meter las patatas y sellar la tapaotra vez.
8. Presionar el ajuste de BEANS/CHILI ycocer por otros 10 minutos.
9. Esta vez, sacar rápido la presion cuando el tiempo haya finalizado.
10. Sazonar todo con sazonador italiano.
11. Romper o desmenuzar la carne, y ¡Servir!

Información Nutricional (⅙ receta):
Calorías totales:327
Proteinas: 46
Carbohidratos: 20
Grasas: 8
Fibra: 3

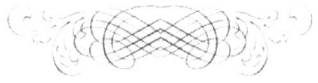

Curry Sencillo de Cordero (Cocción Lenta)

Porciones: 4

Tiempo para preparar: 20 minutos
Tiempo decocción: 6 horas
Tiempo en total: 6 horas, 20 minutos

El Curry es uno de los platos más comunes que son preparados en ollas de cocimiento lento, y también en cocción a presión, de forma que yo debia incluir esta recetapara la Multi-Cooker. Con Ingredientes fáciles de conseguir, Usted no necesitará preocuparse de andar buscando en mercados étnicos. El único ingrediente que podría parecerle único a muchos es la pasta de curry. El calor es suavizado con leche de coco, que se cuece con el cordero en cubos y sazonado, y con agua fría, luego durante 6 horas en fuego lento.

Nota de Cocina: Existen pastas amarillas, rojas y verdes, con la amarilla siendo la más suave. Esta pasta añadeun saborcito picante y sabores como el del jengibre y ajo.

Ingredientes:

¼ tazade harina
1 ½ libras de lomo de cordero
Sal al gusto
Pimienta al gusto
2 cucharadasde aceite de oliva extra virgen
1 cebollapicada
2 dientes de ajo machacados

¼ taza de pasta de curry
1 taza de leche de coco light
¾ taza de agua fría
1 raja de canela
4 tazas de Arroz cocido

Procedimiento:

1. Colocar harina, cordero, sal y pimienta en una bolsa Ziploc.
2. Mover bien hasta que la carne de cordero esté bien cubierta.
3. Presionar el botón de BROWN/SAUTÉ en su Crock-Pot y poner el aceite.
4. Cuando esté caliente, dorar el cordero por todos lados.
5. Remover el cordero por ahora.
6. Añadir cebolla y ajo a la olla caliente.
7. Cocinar por 5 minutos, moviendo.
8. Añadir la pasta de curry y remover durante 1 minuto.
9. Agregar la leche de coco y el agua fría.
10. Cuando esté hirviendo, poner la raja de canela y regresar la carne a la Crock-Pot.
11. Cerrar la tapa.
12. Presionar el botón de SLOW COOK y cocinar en el ajuste de LOW (BAJO) durante 6 horas.
13. Al finalizar el tiempo, remover la raja de canela.
14. ¡Servir el cordero en curry, con arroz!

Información Nutricional (¼ receta):
Calorías totales: 708
Proteínas: 52
Carbohidratos: 50
Grasas: 33
Fibra: 0

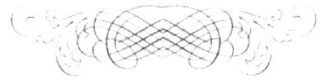

Pierna de Cordero al Ajillo (Cocción a Presión)

Porciones: 4

Tiempo para preparar: 12 minutos
Tiempo decocción: 30 minutos
Liberación Natural de la Presión: 10 minutos
Tiempo para la Salsa: 10 minutos
Tiempo en total: 1 hora, 2 minutos

Me gusta servir piernas de cordero para las fiestas, pues se muestran más especiales que la carne de res. El cordero parece intimidante si Usted no lo ha cocinado a menudo, pero se cuece bastante como la ternera, y el ajuste de cocción a presión asegura que nunca salga duro. Tras dorar el cordero sazonado, se cocina en una mezcla de caldo de pollo, vino, pasta de tomate y tomillo, por 30 minutos. Después de la liberación natural de la presión, Usted le agrega mantequilla y vinagre balsámico al líquido de cocción, que ¡se convierte en salsa!.

Ingredientes:

2-libras de pierna de cordero
Sal al gusto
Pimienta al gusto
1 cucharadade aceite de oliva extra virgen
8 dientes de ajo aplastados
1 tazadecaldode pollo
1 tazade vino tinto
2 cucharadasde pasta de tomate
1 cucharadita de tomillo deshidratado

1 cucharadade mantequilla
1 cucharaditade vinagre balsámico

Procedimiento:

1. Sazonar bien la carne de cordero con sal y pimienta.
2. Encender su Crock-Pot en el ajuste de BROWN/SAUTÉ y agregar aceite.
3. Cuandoesté caliente, colocar el cordero y dorar de ambos lados.
4. Emplatar por ahora.
5. Añadir el ajo a la olla caliente y freir hasta que esté dorado.
6. Agregar el caldo, vino, pasta de tomate y tomillo deshidratado.
7. Cuando se ha disuelto la pasta de tomate, devolver el cordero y cerrar la tapa.
8. Presionar el ajuste de BEANS/CHILI y programar eltiempoa 30 minutosa alta presión.
9. Cuando el tiempo se haya terminado, apagar y esperar la liberación natural de la presión.
10. Cuando ya se ha ido toda la presión, sacar el cordero y cubrir con papel aluminio.
11. Presionar el botón de BROWN/SAUTÉ de nuevo y cocinar el líquido de cocción durante 5 minutos.
12. Añadir mantequilla y vinagre, y apagar la Crock-Pot.
13. ¡Servir el cordero con abundante salsa!

Información Nutricional (¼ receta):
Calorías totales:543
Proteinas: 34
Carbohidratos: 16
Grasas: 34
Fibra: 0

Capítulo 6: Aves

Si tuviera que nombrar la carne más versátil, tendría que decir que es el pollo. Tiene un sabor suave, que, por lo tanto, se adapta a cualquier otro sabor. Hay pechugas, cuadriles y alas, y Usted puede preparar tanto comida casual como platos formales. Esta sección explora todas las distintas maneras por las que Usted puede preparar pollo (y pavo) usando laMulti-Cooker. Tendrá oportunidad de ver platos de cocción lenta como pollo en mantequilla, un clásico Hindú, y pavo con salsa gravy preparado a presión, para que Usted se sienta libre de los fastidiosos tiempos de la preparación de la cena de Acción de Gracias. Si Usted ya se ha cansado de la rutina cuandose trata de aves, estas recetas lo sacarán de ella.

Emparedados de Pollo Teriyaki (Cocción a Presión)
Pollo a la Mantequilla (Cocción Lenta)
Pollo con Bolas de mása (Cocción Lenta)
Pollo Hawaiano en Barbacoa (Cocción a Presión)
Cordon Bleu de Pollo (Cocción Lenta)
Pollo Buffalo Fácil (Cocción Lenta)
Pavo + Arroz en Salsa Verde (Cocción a Presión)
Pechuga de Pavo con Salsa Gravy (Cocción a Presión)
Pavo a la Dijon con Salsa Gravy (Cocción a Presión)
Pavo de Acción de Gracias (Cocción Lenta)

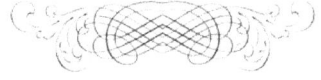

Emparedados de Pollo Teriyaki (Cocción a Presión)

Porciones: 6-8

Tiempo para preparar: 5 minutos
Tiempo decocción: 12 minutos
Tiempo en total: 17 minutos

Con sólamente seis ingredientes en total, esta recetapara emparedados de pollo es ideal paea aquellas noches realmente ocupadas, cuando Usted necesita sólo comer e irse. El tiempo de preparación es nada más de 5 minutos, y el de cocción solamente 12. Se baten miel y salsa teriyaki embotellada, en la Multi-Cooker, se agrega caldo de pollo, y luego el pollo en si. Tras una liberación rápida de la presión, se usa un tenedor para desmenuzar la carne, y se agrega a panes para hamburguesa con una hoja fresca de lechuga.¡Y eso es todo!.

Ingredientes:

1 cucharadade miel
⅔ tazade salsa teriyaki
¼ tazadecaldode pollo
2 libras de pechuga de pollo
6-8 hojas de lechuga
6-8 panes para hamburguesa

Procedimiento:

1. Batir la miel y salsa teriyaki en su Crock-Pot.
2. Agregar el caldo de pollo.
3. Colocar ahora las pechugas y revolver para que queden cubiertas con la salsa.
4. Sellar la tapa.
5. Presionar el ajuste BEANS/CHILI y programar eltiempoa 12 minutosa alta presión.
6. Cuando el tiempo ha finalizado, liberar la presión de forma rápida.

7. Desmenuzar el pollo.
8. Repartir el pollo sobre el pan de hamburguesa con una hoja de lechuga, y..¡ servir!

Información Nutricional (⅙ receta):
Calorías totales:196
Proteinas: 13
Carbohidratos: 30
Grasas: 2
Fibra: 0

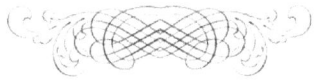

Pollo en Mantequilla (Cocción Lenta)

Porciones: 6

Tiempo para preparar: 30 minutos
Tiempo decocción: 6-8 horas
Tiempo en total: 6 horas, 30 minutos – 8 horas, 30 minutos

El pollo en mantequilla es uno de los platos hindúes más populares, tanto allá como en los Estados Unidos. Es accesible y utiliza ingredientes fáciles de conseguir como yogurt, pasta de tomate y leche de coco. Los únicos ingredientes que talvez Usted no podría haber usado antes son el polvo de curry y la garammásala, una especia aromática que lleva canela, comino y clavo de olor. Se puede encontrar en cualquier abarrotería. Para muslos realmente tiernos, cocine a fuego lento durante 6-8 horas.

Ingredientes:

2 cucharadasde aceite de oliva exta-virgen
2 cucharadasde mantequilla
4 muslos de pollo picados, sin piel y sin huesos
1 cebollaen cubos
3 dientes de ajo machacados
1 cucharada de curry en polvo
1 cucharadita de garammásala
6-onzas de pasta de tomate
1 tazade yogurt sin sabor
1 lata (14-onzas) de leche de coco
½ cucharaditade canela
½ cucharaditade nuez moscada
¼ cucharaditade clavo en polvo
Una pizca de sal

Procedimiento:

1. Calentar en una sartén la mantequilla y aceite hasta que se derritan.
2. Agregar y mezclarle el pollo, cebolla, y ajo, y mover hasta que la cebolla se vuelva transparente.
3. Agregar el curry en polvo, garammásala, y pasta de tomate, y mezclar hasta que esté homogéneo.
4. Colocar esa mezcla en una Crock-Pot previamente engrasada.
5. Mezclarle también el yogurt, leche de coco y especias, incluida la sal.
6. Cerrar la tapa.
7. Presionar el botón de SLOW COOK y cocinar en el ajuste de LOW (BAJO) durante 6-8 horas.
8. El pollo debe estar al menos a 165-grados.
9. ¡Servir el pollo con montones de salsa!

Información Nutricional (⅙ receta):

Calorías totales:288
Proteinas: 22
Carbohidratos: 11
Grasas: 18
Fibra: 0

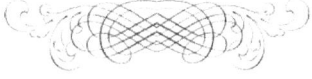

Pollo y Bolas de Masa(Cocción Lenta)

Porciones: 8

Tiempo para preparar: 1 minuto
Tiempo decocción: 5 horas, 10 minutos
Tiempo en total: 5 horas, 11 minutos

Cuando el clima se enfría, significa que es la estación para comida reconfortante. Esta receta de pollo con Bolas de masa es semi-hecha-en-casa para su conveniencia, y alimenta a 8 personas. Inserte el pollo, mantequilla, crema de pollo y una cebolla en agua, y cocine por 4 horas a alta temperatura. Ahora es cuandoUsted agregará la masa para bollos, pues se cuece más rápido. Simplemente desenrolle los bollos y córtelos en tiras. Arroje dentro algunos chícharos congelados, ya que está en eso. Y cocine por otra hora, desmenuce el pollo y luego finalice cocinándolo por otros 10 minutos.

Ingredientes:

4 pechugas de pollo sin piel ni hueso
2 cucharadasde mantequilla

2 latas (10.75-onzas) de crema de pollo
1 cebollaen cubos
Suficienteaguapara cubrir los ingredientes
1 lata (8-piezas) demasa para bollos de leche(biscuits)
2 tazasde chícharos congelados, ya descongelados.

Procedimiento:

1. Engrase su Crock-Pot o inserte un forro.
2. Meta el pollo, mantequilla, crema y cebolla.
3. Agregue la suficiente agua para cubrir losIngredientes.
4. Cocine en el ajuste SLOW COOK por 5 horasen temperarura HIGH (ALTA).
5. Cuando falte una hora restante, desenrolle la masa para bollos y córtela en tiras
6. Agregue los chícharos a la Crock-Pot, y deje hasta encima las tiras de masa para bollos.
7. Cierre de nuevo la tapay deje que se cocine por el resto deltiempo.
8. Cuando ha finalizado eltiempo, puede desmenuzar el pollo.
9. Cocine por otros 10 minutos para que se terminen de cocer los bollos, y ¡Sirva!

Información Nutricional ($\frac{1}{8}$ receta):

Calorías totales:290
Proteinas: 19
Carbohidratos: 26
Grasas: 13
Fibra: 2

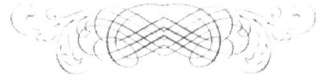

Pollo en Barbacoa Hawaiana (Cocción a Presión)

Porciones: 4

Tiempo para preparar: 10 minutos
Tiempo decocción: 5 minutos
Tiempo a fuego bajo: 5 minutos
Tiempo en total: 20 minutos

El "BBQ chicken" o Pollo a la Barbacoa es un favorito de verano en torno a mi casa, y a mi hija especialmente le gusta la Barbacoa Hawaiana. Endulzada con trozos de piña y su jugo, el pollo desmenuzado y dorado se cocina a presión durante 5 minutos con la salsa Barbacoa y especias. Para espesar la salsa, Usted agrega almidón de maiz (maicena) acuoso, tras una liberación rápida de presión. Tendrá que resistirse a lamer la salsa que le escurre por los dedos. Sirva el pollo tal cual, sobre una ensalada, o como emparedado.

Ingredientes:

4 pechugas sin hueso ni piel desmenuzadas.
Sal al gusto
Pimienta al gusto
Ajo en polvo al gusto
1 cucharadade aceite de oliva extra virgen
1 tazade salsa de barbacoa (la que Usted escoja)
1 lata (8-onzas)con trozos de piña (y reserve el jugo)
2 cucharadasdeaguafria
2 cucharadasde almidón de maiz (maicena)

Procedimiento:

1. Sazone el pollo con la sal, pimienta y ajo en polvo. .
2. Encienda su Crock-Pot en el ajuste de BROWN/SAUTÉ y ponga el aceite.
3. Cocine el pollo, moviendode vez en cuando, hasta que esté parejo.
4. Cuandoel pollo esté dorado, apague la olla.
5. Agregue ½ tazade salsa de Barbacoa y *jugo* de piña.
6. Selle la tapa.
7. Presione BEANS/CHILI y ajuste el tiempo a sólo 5 minutosa alta presión.
8. Cuando ya finalizó el tiempo, libere la presión de forma rápida.
9. Asegúrese que el pollo esté a 165-grados.
10. En un tazón mezcle el agua y el almidón de maiz (maicena) hasta que esté homogéneo.
11. Coloque en su Crock-Pot, y enciéndala de nuevo en BROWN/SAUTÉ.
12. Deje a fuego bajo oara espesar la salsa
13. Agregueel resto de la salsa barbacoa y los trozos de piña
14. Mezcle y ¡Sirva!

Información Nutricional (¼ receta):

Calorías totales:247
Proteinas: 26
Carbohidratos: 12
Grasas: 7
Fibra: 0

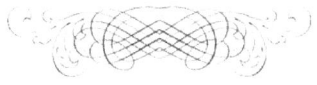

Cordon Bleu de Pollo (Cocción Lenta)

Porciones: 6

Tiempo para preparar: 5 minutos
Tiempo decocción: 4-6 horas
Tiempo en total: 4 horas, 5 minutos – 6 horas, 5 minutos

Es tradicionalmente un elegante plato francés, pero esta versión es muchomás fácil y no involucra mechar las pechugas de pollo con algo. Hay un poco de formación de capas - se cubre el fondo de su Crock-Pot conleche y crema de pollo, se agregan las medias-pechugas, luego jamón y queso Suizo, y finalmente el resto de la salsa. Eso se cocina lentamente ya temperatura baja por 4-6 horas.

Ingredientes:

1 lata (10.75-onzas) de crema de pollo.
1 tazade leche
6 pechugas de pollo sin hueso ni piel
6 rodajas de jamón
6 rodajas de queso suizo

Procedimiento:

1. En un tazón, mezcle la crema de pollo con la leche.
2. Coloque en la Crock-Pot previamente engrasada, sólamente la cantidad suficiente para cubrir el fondo.
3. Corte a la mitad sus pechugas de pollo.
4. Colóquelas en la olla.

5. Cubra con jamón y queso.
6. Agregue el resto de la salsa a la olla.
7. Cierre la tapa.
8. Presione el botón de SLOW COOK y cocine a temperatura LOW (BAJO) durante 4-6 horas, hasta que el pollo tenga 165- grados.
9. ¡Sirva!

Información Nutricional (⅙ receta):
Calorías totales:333
Proteínas: 40
Carbohidratos: 9
Grasas: 16
Fibra: 0

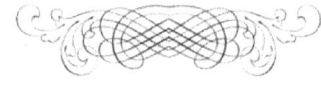

Pollo Buffalo Fácil (Cocción Lenta)

Porciones: 6

Tiempo para preparar: 1 minuto
Tiempo decocción: 7-9 horas
Tiempo en total: 7 horas, 1 minuto – 9 horas, 1 minuto

El pollo Buffalo tiene un sabor realmente único, de forma que, en vez de intentar hacer el propio ahora mismo, esta receta requiere de salsa Buffalo para alitas previamente embotellada. Cubra el pollo con esta salsa en la Crock-Pot, y rocíelo con especias cono perejil deshidratado y cebollinos. Esto se cuece durante 7-9 horasa temperatura baja. La mantequilla va de último, y se cocina por otra hora antes de servir.

Ingredientes:

3 libras de pechugas de pollo sin hueso ni piel
12-onzas de salsa Buffalo wing.
1 cucharada de perejil deshidratado.
1 cucharadita de cebollinos deshidratados.
1 cucharaditade cebolla en polvo
1 cucharaditade ajo en polvo.
2 cucharadasde mantequilla

Procedimiento:

1. Engrase bien su Crock-Pot o póngale un forro.
2. Meta las pechugas y aplique la salsa Buffalo wing encima.
3. Agregue las especias deshidratadas.
4. Cocine en SLOW COOK por 7-9 horasa temperatura LOW (BAJA).
5. Desmenuce el pollo.
6. Agregue la mantequilla y revuelva hasta que se derrita.
7. Cierre la tapay cocine en SLOW COOK de nuevo, durante una hora, en temperatura LOW (BAJA)
8. ¡Sirva!

Información Nutricional (⅙ receta):
Calorías totales:414
Proteinas: 69
Carbohidratos: 0
Grasas: 13
Fibra: 0

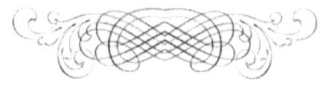

Pavo en Salsa Verde + Arroz (Cocción a Presión)

Porciones: 6-8

Tiempo para preparar: 1 minuto
Tiempo decocción: 18 minutos
Liberación Natural de la Presión: 15 minutos
Tiempo en total: 34 minutos

Me gusta usar salsa como ingrediente en la cocina, porque le aporta gran sabor. No necesita preocuparse con un montón de especias. Esta comida completa hace que Usted coloque arroz y caldo de pollo en su Crock-Pot, y luego añadacebolla, lomo de pavo, salsa verde, y un poco de ajo y sal hasta arriba. Cocine durante 18 minutosen el ajuste de olla a presión y luego deje que la presión salga por si misma. ¡Sirva!

Ingredientes:

2 ½ tazasdecaldode pollo
2 tazasdeArrozintegral de grano largo
1 cebollaen cubos
2 libras de lomo de pavo
1 tazade salsa verde
1 cucharaditade ajo en polvo
Una saludable pizca de sal

Procedimiento:

1. Ponga el caldo de pollo y arroz en su Crock-Pot.
2. Añada el resto de los Ingredientes, sin mezclar ni mover.

3. Sellela tapa.
4. Presione el control de BEANS/CHILI y cocine durante 18 minutosa alta presión.
5. Cuando se haya terminado el tiempo, espere laliberación natural de la presión.
6. Cuando la presión ya se fue, ¡está lisro el plato para ser servido!

Información Nutricional (⅙ receta):
Calorías totales:397
Proteinas: 44
Carbohidratos: 51
Grasas: 3
Fibra: 2.6

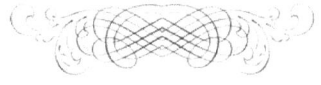

Pechuga de Pavo con Salsa Gravy (Cocción a Presión)

Porciones: 8

Tiempo para preparar: 1 minuto
Tiempo decocción: 30 minutos
Liberación Natural de la Presión: 10 minutos
Tiempo a fuego bajo: 5 minutos
Tiempo en total: 46 minutos

A veces Usted no quiere servir un pavo entero para el Dia de Acción de Gracias. Esta receta para sólo la pechuga alcanza para 8, y es sazonada con ingredientes clásicos como sal, pimienta, sazonador italiano, cebolla y ajo. Incluso sale la salsa gravy de ella misma. La pechuga de pavo debe ir sobre un trévede en la olla, de forma que no se queme. Cuando se terminó la cocción(en 30 minutos), saque el pavo y haga la salsa gravy mezclando almidón de maiz (maicena) al líquido restante, y cociendo a fuego bajo.

Ingredientes:

6 ½-libras de pechuga de pavo con hueso y con piel
Sal al gusto
Pimienta al gusto
Sazonador italiano (libre de sal)
1 ¾ tazasdecaldode pollo
1 cebollaen rodajas
3 dientes enteros de ajo
3 cucharadasdeaguafria
3 cucharadasde almidón de maíz (maicena)

Procedimiento:

1. Sazone la pechuga del pavo con la sal, pimienta y condimento italiano.
2. Coloque un trévede en su Crock-Pot - no queremos que la pechuga toquedirectamente el fondo de la olla.
3. Agregue el caldo, y luego cebolla y ajo.
4. Coloque el pavo sobre el trévede y selle la tapa.
5. Presione BEANS/CHILI y ajuste eltiempoa 30 minutosa alta presión.
6. Cuando el tiempo ya pasó, espere la liberación natural de la presión.
7. El pavo debe estar a 165-gradosen su parte más gruesa.
8. Emplate el pavo.
9. Saque el ajo y la cebolla de la olla y recoja el exceso de grasa flotante en el caldo.

10. Mezcle el almidón de maiz (maicena) con agua en un tazón aparte.
11. Agregue a la Crock-Pot y presione BROWN/SAUTÉ.
12. Ponga a fuego bajo para que espese la salsa gravy.
13. ¡Sirva rodajas de pechuga de pavo bañadas en salsa gravy!

Información Nutricional (⅛ receta):
Calorías totales:412
Proteinas: 67
Carbohidratos: 5
Grasas: 12
Fibra: 0

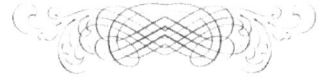

Pavo Dijon + Salsa Gravy (Cocción a Presión)

Porciones: 4-6

Tiempo para preparar: 12 minutos
Tiempo decocción: 30 minutos
Tiempo a fuego bajo: 5 minutos
Tiempo en total: 47 minutos

¿Usted quiere utilizar la bolsa con muslos y pechugas de pavo que tiene por ahi? Estarecetatoma menos de una hora, y saboriza el pavo con ajo, vino blanco y condimento italiano. Dorar el pavo asegura un mejor sabor, también. Cuando el pavo está listo, Usted usará el líquido en el que se coció para hacer la salsa gravy, que está condimentada con mostaza Dijon y espesada con almidón de maiz.

Nota de Cocina: "Destemplar" o "Deglasear" es cuando Usted agrega un líquido a la olla y raspa los pedacitos de comida que quedan pegados a ella. Estos pedacitos dorados de comida añaden toneladas de sabor.

Ingredientes:

3 libras de pechuga y muslos de pavo con hueso
Sal al gusto
Pimienta al gusto
1 cucharadade aceite de oliva extra virgen
2 cebollas rodajadas
3 dientes de ajo enteros, pelados
½ tazadecaldode pollo
½ tazade vino blanco
2 cucharadasde mostaza Dijon
1 cucharaditade sazonador italiano
2 cucharadasdeaguafría
1 cucharadade harina

Procedimiento:

1. Sazonar el pavo con sal y pimienta.
2. Encender su Crock-Pot en el ajuste de BROWN/SAUTÉ y poner aceite.
3. Sellar el pavo tres minutos por lado, hasta que esté dorado en todos lados.
4. Emplatar por ahora el pavo, dejando encendida la Crock-Pot.
5. Ponercebollas y ajo en la olla, y cocinar por 5 o algo asi.
6. Agregar vino yel caldo, y deglasear la olla.
7. Mezclar la mostaza y el sazón italiano.
8. Regresar el pavo a la olla y sellar la tapa.
9. Presionar el ajuste de BEANS/CHILI y graduar eltiempoa 30 minutosa alta presión.

10. Cuando el tiempo ha finalizado, esperar por la liberación natural de la presión.
11. Emplatar el pavo
12. Para hacer la salsa gravy, comenzar haciendo puré el líquido de cocción, hasta que esté homogéneo. Puede usar una batidora de inmersión o una regular. Regresarlo a la Crock-Pot.
13. Mezclar aguay harina en un tazón aparte, hasta que sea una masa homogénea.
14. Colocar esta masa en la salsa gravy y presionar BROWN/SAUTÉ.
15. Cocinar a fuego bajo hasta que espese
16. ¡Servir con el pavo!

Información Nutricional (¼ receta):
Calorías totales: 525
Proteinas: 89
Carbohidratos: 8
Grasas: 24
Fibra: 0

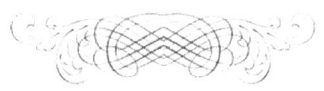

Pavo de Acción de Gracias (Cocción Lenta)

Porciones: 10

Tiempo para preparar: 7 minutos
Tiempo de cocción: 8 horas
Tiempo de asar: 10 minutos
Tiempo en total: 8 horas, 17 minutos

¡Es temporada de Thanksgiving y eso significa que es hora de preparar un pavo! Para liberar el horno, ¿que tal hacer su pavo este año en la Multi-Cooker? Está sazonado con un sencillo compuesto de mantequilla con sazón italiano, ajo, sal y pimienta. Cocínelo lentamente a baja temperatura durante 8 horas. Para obtener una piel crujiente y bonita, unte más mantequilla y ase durante sólo 10minutos.

Ingredientes:

4 cucharadasde mantequilla
1 cucharaditade sazonador italiano
1 cucharaditade ajo en polvo
sal al gusto
pimienta al gusto
8-libras de pavo entero con piel
6 dientes de ajo enteros, pelados
Un manojo de hierbas frescas (a su escogencia).

Procedimiento:

1. Mezclar la mantequilla, sazonador italiano, ajo en polvo y la sal.
2. Colocar la mitad en el refrigerador.
3. Engrasar su Crock-Pot y colocarel ajo.
4. Añadir las hierbas.
5. Secar el pavo con toallas de papel y untarlo con la mantequilla sazonada con hierbas que Usted dejó fuera del refrigerador.
6. Rociar un poco más de sal y pimienta.
7. Poner el pavo en su Crock-Pot ycerrar la tapa.
8. Cocinar en SLOW COOK durante 8 horasen LOW.
9. Cuando ha finalizado el tiempo, cuidadosamente sacar el pavo y colocarlo en una rostizadora.

10. Si Usted planea utilizar el líquido de cocción como salsa gravy, traslade 2 tazasdesde la Crock-Pot. Coloque el resto sobre el pavo.
11. Saque la mitad de mantequilla sazonada del refrigerador y unte por sobre todo el pavo.
12. Rostice el pavo durante 10minutospara lograr una piel crujiente.
13. Descanse por un par de minutos y ¡Sirva!

Información Nutricional (1/10 receta):
Calorías totales:587
Proteinas: 67
Carbohidratos: 1
Grasas: 33
Fibra: 0

Capítulo 7: Puerco

El cerdo o puerco es una carne difícil de llegar a dominar, pues tiende a secarse. Con la Multi-Cooker es fácil cocinar durante la cantidad exacta de tiempo, ya sea a cocción lenta o a presión. Esta sección tiene recetas para cada corte de cerdo, incluidas las chuletas, asados y costillas. Incluso hay una receta para panceta, para personas que nunca la han preparado. La panceta de cerdo es una de mis cosas favoritas; básicamente es tocino en su mejor pieza. También hay una receta de jamón glaseado para Navidad, Pascua y otra gran reunión.

Chuletas de Cerdo con Miel y jengibre (Cocción Lenta)
Chuletas de Cerdo en Miel y Mostaza (Cocción a Presión)
Asado de Puerco con salsa Gravy de Arce (Cocción Lenta)
Carnitas de cerdo (Cocción Lenta)
Lomo de Cerdo en Sidra de Mora (Cocción a Presión)
Puerco Estofado en Leche de Coco (Cocción Lenta)
Comida Completa de Chuleta de Cerdo (Cocción a Presión)
Costillitas a la Dr. Pepper (Cocción Lenta)
Panceta de Cerdo para Principiantes (Cocción a Presión)
Jamón Glaseado Clásico (Cocción a Presión)

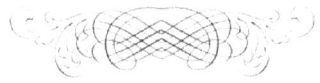

Chuletas de Cerdo con Miel y jengibre(Cocción Lenta)

Porciones: 4

Tiempo para preparar: 7 minutos
Tiempo decocción: 4-5 horas
Tiempo para la salsa gravy: 2 minutos
Tiempo en total: 4 horas, 9 minutos – 5 horas, 9 minutos

La carne de cerdo tiene un sabor ligeramente dulce, lo que significa que juega muy bien con otros ingredientesdulces como la miel. Para aprovechar eso, ¡estareceta usa paprika, ajo en polvo y jengibre fresco! Y para obtener una bonita corteza en el cerdo, dórelo durante 6 minutosantes de cocinar por 4-5 horas.Para hacer la salsa gravy, simplemente mezcle almidón de maiz (maicena) al líquido de cocción.

Ingredientes:

4 chuletas de cerdo
1 cucharaditade paprika
1 cucharaditade ajo en polvo
Sal al gusto
Un chorrito de aceite de oliva extra virgen
½ tazade miel
2 cucharadasde salsa de soja
El jugo que salga de una lima
1-trozo de 1 pulgada (2.5 cm) de jengibre, pelado y rodajado
1 cucharadadeaguafría
2 cucharadasde almidón de maiz (maicena)

Procedimiento:

1. Sazone las chuletas con la paprika, ajo en polvo y sal.
2. Caliente el aceite de oliva en una sartén y añada el cerdo.
3. Selle hasta que esté dorado, lo que toma alrededor de 3 minutos por lado.
4. En un tazón mezcle la miel, salsa soja, jugo de lima y jengibre rodajado.
5. Engrase la Crock-Pot y añada el cerdo.
6. Póngale encima la salsa y cierre la tapa.
7. Presione SLOW COOK y cocine en LOW (BAJO) por 4-5 horas, hasta que la carne de cerdo esté a 145-grados.
8. Para hacer la salsa, mezcle la maicena con el agua fría en una taza.
9. Emplate el cerdo y coloque la mezcla de agua y maicena en la Crock-Pot.
10. Mueva hasta que espese.
11. ¡Sirva el cerdo con su salsa gravy!

Información Nutricional (¼ receta):
Calorías totales: 425
Proteinas: 28
Carbohidratos: 39
Grasas: 18
Fibra: 0

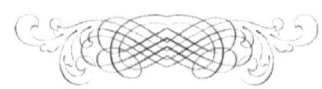

Chuletas de Cerdo en Miel y Mostaza (Cocción a Presión)

Porciones: 4

Tiempo para preparar: 10 minutos

Tiempo decocción: 8 minutos
Liberación Natural de la Presión: 10 minutos
Tiempo para la salsa: 5 minutos
Tiempo en total: 33 minutos

La miel con mostaza es un acompañamiento clásico para la carne de cerdo, y es fácil de hacer: ¡solo mezclando Dijon y miel juntas! Tras dorar las chuletas, se coloca la miel con mostaza con caldo de pollo y un poco de sal. Se cuece a presión por sólo 8 minutosy se espera que la presión se libere naturalmente. Se le mezcla una masa a base de almidón de maiz (maicena) para espesar la salsa.

Ingredientes:

4 chuletas con hueso
1 cucharadade aceite de oliva extra virgen
3 dientes de ajo picados
1 cebollapequeña picada
2 tazasdecaldode pollo
½ tazade mostaza Dijon
¼ tazade miel
Sal al gusto
2 cucharadasdeaguafría
2 cucharadasde almidón de maiz (maicena)

Procedimiento:

1. Encender en BROWN/SAUTÉ su Crock-Pot y calentar el aceite.
2. Cuandoesté caliente, dorar por ambos lados las chuletas, 3 minutos por lado.
3. Emplatar por ahora.
4. Añadir el ajo y la cebolla, y cocinar por unos pocosminutos, hasta que ya no estén crudos.
5. En un tazón mezclarcaldo de pollo, mostaza, miel y sal.

6. Regresar las chuletas a la Crock-Pot, yverter el líquido.
7. Sellar la tapa.
8. Presionar BEANS/CHILI y cocinar a alta presiónpor 8 minutos.
9. Cuando haya finalizado el tiempo, esperar que la presión se libere de forma natural.
10. Asegurarse que la carne de cerdo esté a 145-gradosen su parte más gruesa.
11. Si ya está listo, emplatar.
12. Encender de nuevo la Crock-Pot en el ajuste de BROWN/SAUTÉ.
13. Mezclar juntosaguay el almidón de maiz (maicena)en unataza, y agregar a la olla, mezclando hasta que esté homogéneo
14. ¡Servir las chuletas de cerdo con salsa gravy!

Información Nutricional (¼ receta):
Calorías totales:358
Proteinas: 29
Carbohidratos: 21
Grasas: 18
Fibra: 0

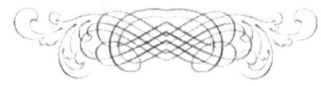

Asado de Cerdo con Salsa Gravy de Arce (Cocción Lenta)

Porciones: 4

Tiempo para preparar: 3 minutos
Tiempo decocción: 7-9 horas
Tiempo para la salsa: 5 minutos

Tiempo en total: 7 horas, 8 minutos – 9 horas, 8 minutos

Los asados de puerco fueron hechos para las ollas de cocimiento lento. Gracias a ellas obtienen la textura perfecta siendo aún jugosos. La carne de cerdo es sazonada con sólamente sal, y luego cocinada en caldo de pollo, mostaza, jarabe de arce, vinagre balsámico y sazón italiano. Después de 7-9 horas deberá estar listo. La salsa gravy se espesa con una masa a base de almidón de maiz (maicena).

Ingredientes:

2-libras de carne de cerdo para asar.sal al gusto
2 cucharadasdecaldode pollo
2 cucharadas de mostaza Dijon
2 cucharadasde jarabe puro de arce
1 cucharada de vinagre balsámico
1 cucharadita de sazón Italiano
1 cucharadadeaguafria
1 cucharadade almidón de maiz (maicena)

Procedimiento:

1. Sazonar bien la carne de cerdo con la sal.
2. Engrasar su Crock-Pot y meter el cerdo.
3. En un tazón mezclar el caldo de pollo, mostaza, jarabe de arce, vinagre balsámico y sazonador italiano.
4. Colocar sobre la carne de cerdo y cerrar la tapa.
5. Presionar el botón de SLOW COOK ycocinar en temperatura LOW (BAJO) durante 7-9 horas, hasta que el cerdo esté a 145-grados.
6. Sacar el cerdo y colocar cubierto con papel aluminio en un plato aparte mientras se hace la salsa gravy
7. Mezclar el almidón de maiz (maicena)conaguaen una taza.

8. Pasar algo del líquido de cocción y mezclarle el almidón de maiz (maicena), y batir hasta que sea una mezcla homogénea.
9. Presionar SAUTÉ/BROWN en su Crock-Pot y colocar la masa de almidón.
10. Mover hasta que haya espesado a su gusto.
11. ¡Servir el cerdo con la salsa!

Información Nutricional (¼ receta):
Calorías totales: 598
Proteinas: 61
Carbohidratos: 8
Grasas: 33
Fibra: 0

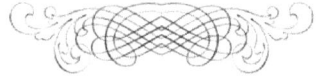

Carnitas de Puerco (Cocción Lenta)

Porciones: 10-12

Tiempo para preparar: 3 minutos
Tiempo de cocción: 8-10 horas
Tiempo de Reducción: 10 minutos
Tempo para que esté crujiente: 15 minutos
Tiempo en total: 8 horas, 28 minutos – 10 horas, 28 minutos

Uno de los mejores usos para su Multi-Cooker es la preparación de carnitas de cerdo, hechas de la espaldilla del animal. Se cocinan a fuego bajo y lentamente, prácticamente se deshacen cuando están listas. Para variedad de sabores, me gusta usar una mezcla de ajo, comino, oregano, ypaprika para especias, asi como jalapeño y zumo tanto de limón como de naranja. Eso le da calor al producto final, asi como dulzura y acidez. Para que el cerdo esté crujiente, se asa en el horno por 15 minutosdespués de ser cocinado.

Ingredientes:

5 libras de espaldilla de cerdo con hueso
1 cucharadade aceite de oliva extra virgen
1 cucharadade ajo en polvo.
3 cucharaditas de comino
½ cucharada de orégano deshidratado
1 cucharaditade paprika
Sal al gusto
Pimienta al gusto
1 cebollapicada
1 jalapeño picado y sin semillas
½ tazade jugo de naranja
¼ tazade jugo (zumo) de limón

Procedimiento:

1. Seque su espaldilla de cerdo.
2. Mezcle en un tazón el aceite de oliva, ajo, comino, orégano, paprika, sal y pimienta.
3. Unte con esto la espaldilla de cerdo por todo el rededor.
4. Engrase su Crock-Pot y meta ls espaldilla, con el lado grasoso hacia arriba.
5. Agregue lacebolla, jalapeño, y los jugos.
6. Cocine en el ajuste de SLOW COOK por 8-10 horasen la temperatura de LOW (BAJO), hasta que la carne esté a 145-gradosen su parte más gruesa, y la carne se esté deshaciendo.
7. Saque la carne y déjela enfriar por unos minutos.
8. Desmenuce.

9. Recoja el exceso de grasa del líquido y reduzca hasta que sean 1 ½ tazasen el ajuste de BROWN/SAUTÉ, si fuera necesario.
10. Para obtener una carne crujiente, coloque sólo lo suficiente que entre en una sartén caliente, bien apretado, y agregue un poco del líquido reducido.
11. No mezcle - deje que se ponga crujiente de un solo lado.
12. Cuando se ha evaporado el líquido, está listo este lote.
13. Repita con el resto de la carne, hasta que toda ella haya quedado crujiente.
14. ¡Sirva!

Información Nutricional (1/10 receta):
Calorías totales: 402
Proteinas: 30
Carbohidratos: 3
Grasas: 28
Fibra: 0

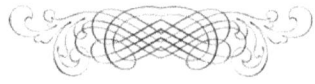

Lomo de Cinta con Sidra de Mora (Cocción a Presión)

Porciones: 4

Tiempo para preparar: 10 minutos
Tiempo decocción: 20 minutos
Liberación Natural de la Presión: 5 minutos
Tiempo en total: 35 minutos

Para unarecetacon sólo sieteIngredientes en total, este lomo de cerdo tiene *mucho* sabor. Me gusta usar sidras en la cocina; es una forma muy sencilla de aportar sabor a la carne y crear una gran base para salsas. Usted usa sidra de mora (o de pera y mora, si está disponible) y se cocina con una pieza de cerdo sazonado y dorado, ycebolla. Cocine por 20 minutos, y luego espere 5 minutosantes de liberar la presión de forma rápida.

Ingredientes:

2 libras de lomo de cinta (cerdo)
Sal al gusto
2 cucharaditas de ajo en polvo
2 cucharadasde cebolla en polvo
2 cucharadasde aceite de oliva
1 cebollapicada
2 tazasde sidra de mora (o de la marca Crispin - Pera y Mora)

Procedimiento:

1. Sazonar el lomo de cinta con sal, ajo en polvo ycebolla en polvo.
2. Colocar el aceite de oliva en su Crock-Pot y presionar BROWN/SAUTÉ.
3. Sellar la carne por ambos lados; alrededor de 3 minutos por lado.
4. Emplatar por ahora.
5. Colocar lacebollay cocer hasta que sea fragante
6. Regresar la carne de cerdo a la olla y agregar la sidra.
7. Sellar la tapa.
8. Presionar el botón de BEANS/CHILI y programar eltiempoa 20 minutos.
9. Cuando ya ha finalizado el tiempo programado, esperat 5 minutos, y luego liberar la presión.
10. La carne de cerdo debe estar a 145-gradosen su parte más gruesa.

11. ¡Cortar en rodajas y servir!

Información Nutricional (¼ receta):
Calorías totales:402
Proteinas: 43
Carbohidratos: 12
Grasas: 15
Fibra: 0

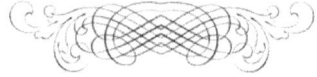

Puerco Estofado en Leche de Coco (Cocción Lenta)

Porciones: 4-6

Tiempo para preparar: 15 minutos
Tiempo decocción: 8 horas
Tiempo en total: 8 horas, 15 minutos

Laleche de coco y la carne de puerco pueden parecer una combinación un tanto extraña, pero los sabores son, de hecho, muy complementarios. La dulzura del puerco tiene un ligero sabor a nueces para mi, tal como la leche de coco. Una salsa de pescado sublima la exquisitez, mientras que las cebollas verdes que coronan la espaldilla de cerdo dan brillantez al plato.

Ingredientes:

2 cucharadasde aceite de oliva extra virgen
3 libras de espaldilla de cerdo cortada en pedazos
¼ tazade salsa de pescado

1 ½ tazasde leche de coco ligera (light)
5 cebollas verdes picadas

Procedimiento:

1. Caliente una sartén un agregue aceite de oliva.
2. Cuando el aceite esté caliente, ponga la carne de cerdo y séllela hasta que tenga un color dorado oscuro.
3. Engrase su Crock-Pot o inserteun forro..
4. Coloque el cerdo.
5. Agregue la salsa de pescado y la leche de coco. Se necesita que todo menos ⅓ de la carne esté cubierto.
6. Cerrar la tapa.
7. Cocine en SLOW COOK por 8 horasa temperatura LOW (BAJO).
8. La carne debe estar a 145-grados.
9. ¡Sirva con el líquido con el que se coció para aportar humedad y corone con cebollas verdes!

Información Nutricional (¼ receta):
Calorías totales:857
Proteinas: 59
Carbohidratos: 8
Grasas: 66
Fibra: 0

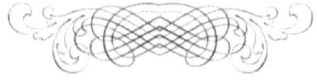

Plato Completo de Chuletas de Cerdo (Cocción a Presión)

Porciones: 4

Tiempo para preparar: 1 minute
Tiempo de cocción: 5 minutos
Liberación Natural de la Presión: 5 minutos
Tiempo en total: 11 minutos

Cocine el cerdo, arroz y vegetales en una sola olla, y ¡en menos de 20 minutos! Este es el plato perfecto para aquellas noches en las que Usted realmente no tiene ganas de cocinar. Simplemente se colocan los ingredientes en capas en la Crock-Pot, en el orden en que son listados, y se cocina por sólo 5 minutos. Se deja que la presión se libere naturalmente y ¡listo para comer!.

Nota de Cocina: Si las chuletas de cerdo no se ven muy delgadas, deles unos golpes para adelgazarlas. Se necesitan chuletas que no haya que freir antes.

Ingredientes:

1 cucharadade aceite de oliva extra virgen
1 cebollapicada
1 tazade arroz seco basmati (el grano más largo que Usted logre conseguir)
1 cucharaditade sal
1 cucharaditade ajo en polvo

4 chuletas de corte muy delgado
¾ tazadecaldode pollo
½ tazade vegetales congelados.

Procedimiento:

1. Engrase bien su Crock-Pot o inserte un forro.
2. Coloque los ingredientes en capas, en el orden que aparecen en la lista.
3. Asegúrese que el arroz está completamente cubierto por el líquido.
4. Selle la tapa.
5. Presione el ajuste de BEANS/CHILI y cocine por sólo 5 minutosa alta presión.
6. Espere que la presión se libere naturalmente cuando el temporizador suene.
7. ¡Sirva!

Información Nutricional (¼ receta):
Calorías totales:323
Proteinas: 27
Carbohidratos: 43
Grasas: 5
Fibra: 1

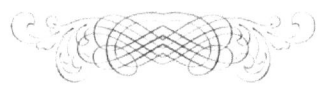

Costillitas a la Dr. Pepper (Cocción Lenta)

Porciones: 6

Tiempo para preparar: 1 minuto
Tiempo decocción: 8 horas
Tiempo en total: 8 horas, 1 minuto

Las costillitas de cerdo siempre deben ser preparadas en cocimiento lento; se les cae el hueso de la carne de tanta terneza que adquieren. En estareceta, Usted utilizará Dr. Pepper como su ingrediente dulce, con una salsa de barbacoa de su escogencia, de forma que pueda hacer su plato picante o suave, a su gusto.Recomiendo una salsa que no sea dulce, pues se le agregará la soda. Las costillitas, que Usted sazona con sal, pimienta, ajo y perejil, se cocinan durante toda la noche o por 8 horas del día.

Ingredientes:

1 bandeja de costillitas
Sal marina al gusto
Pimienta al gusto
Ajo en polvo al gusto
2 cucharaditas de perejil deshidratado
1 cucharaditade salsa Worcestershire
1 tazade salsa BBQ (Barbacoa, a su gusto)
1 lata (12-onzas) de Dr. Pepper

Procedimiento:

1. Corte las costillitas a la mitad, de forma que entren en su Crock-Pot.
2. Rocíe los condimentos secos de forma pareja sobre la carne.
3. Agregue la salsaWorcestershire, la salsa de barbacoa (BBQ), y la soda.
4. Cierre la tapa.
5. Cocine en SLOW COOK por 8 horas en la temperatura baja, LOW.

6. Cuando ya ha finalizado el tiempo programado, asegúrese que las costillitas estén a *al menos a* 145-grados, e incluso si los huesos se están desprendiendo de la carne, definitivamente ya están listas.
7. ¡Disfrute!

<u>Información Nutricional (⅙ receta):</u>
Calorías totales:216
Proteinas: 21
Carbohidratos: 12
Grasas: 11
Fibra: 0

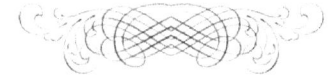

Panceta de Cerdo para Principiantes (Cocción a Presión)

Porciones: 4-6

Tiempo para preparar: 6 minutos
Tiempo decocción: 40 minutos
Liberación Natural de la Presión: 12 minutos
Tiempo de sellado: 6 minutos
Tiempo de descanso: 7 minutos
Tiempo en total: 1 hora, 11 minutos

Si usted me conoce, sabe que me gusta hablar sobre lo buena que es la panceta, y cómo es que mucha gente debería usarla. Es como si la tocineta y el bistec tuvieran un bebé. Si es su primera vez preparando este corte de cerdo, el ajuste de cocción apresión de laMulti-Cooker es un gran método. Coloque la panceta en la Crock-Pot con caldo de pollo, rocíe las especias.

Selle la tapa y cocine a alta temperarura. Espere que la presión se libere naturalmente.

Nota de Cocina: Esta receta hace que Usted cocine la panceta por 40 minitos. Si Usted laquiere más similar a un bistec, cocínelo por sólo 30 minutos. Una hora hará la panceta *realmente* tierna, con calidad de estofado.

Ingredientes:

1 librade panceta
Suficiente caldo de pollo para cubrir hasta ¼ de pulgada en la Crock-Pot
Sal al gusto
1 cucharaditade ajo en polvo
Sazón italiano al gusto
1 cucharadade aceite de oliva extra virgen

Procedimiento:

1. Engrase su Crock-Pot.
2. Coloque dentro la panceta, y el caldo de pollo. Usted sólo necesita alrededor de ¼-de pulgada.
3. Sazone la carne con sal, ajo en polvo y sazonador italiano.
4. Presione el ajuste BROWN/SAUTÉ y espere hasta que el caldo de pollo empiece a hervir.
5. Inmediatamente selle la tapa y presione el ajuste BEANS/CHILI, colocando el tiempo a 40 minutosa alta presión.
6. Cuando ya ha finalizado el tiempo programado, espere que la presión se libere naturalmente.
7. Para obtener una corteza crujiente, caliente aceite de oliva en una sartén.
8. Cuando esté realmente caliente, coloque la carne y séllela durante 2-3 minutos por lado

9. Déjelo reposar por 7 minutos o algo así; luego corte en rodajas y ¡Sirva!

Información Nutricional (¼ receta):
Calorías totales: 620
Proteinas: 11
Carbohidratos: 0
Grasas: 64
Fibra: 0

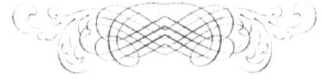

Jamón Glaseado Clásico (Cocción a Presión)

Porciones: 10

Tiempo para preparar: 5 minutos
Tiempo decocción: 15 minutos
Liberación Natural de la Presión: 15 minutos
Tiempo al horno: 5-10 minutos
Tiempo en total: 40-45 minutos

El jamón con un glaseado dulce es el favorito para muchas familias, especialmente durante las fiestas. La cocción a presión es una gran forma de ahorrar dinero en la cocina. Como líquido para la cocción use vino blanco. El glaseado consiste de azúcar moreno, jarabe de arce, Dijon, vinagre balsámico y clavo de olor. La mitad de él va en el jamón antes de cocer y el resto es para cuando Ustes mete el jamón en el horno durantelos 5-10 minutos finales.

Ingredientes:

6-onzas de vino blanco
¼ taza de azúcar moreno
1 taza de jarabe puro de arce
3 cucharadas de mostaza Dijon
1 cucharadita de vinagre balsámico
1 cucharadita clavo de olor
8-libras de jamón

Procedimiento:

1. Coloque el vino en su Crock-Pot.
2. En un tazón mezcle el azúcar moreno, el jarabe de arce, la mostaza, vinagre balsámico y el clavo de olor.
3. Cubra el jamón con la mitad del glaseado, usando una brocha.
4. Colóquelo en su Crock-Pot, sellando la tapa.
5. Cocine en la selección de BEANS/CHILI por 15 minutos a presión baja (LOW).
6. Cuando ya ha finalizado el tiempo programado, espere 15 minutos a que la presión se libere naturalmente. Mientras espera, precaliente el horno a 400-grados.
7. Meta el jamón y su líquido de cocción en una bandeja para horno.
8. Aplique el resto del glaseado con una brocha.
9. Hornee el jamón hasta que la corteza se torne de un café dorado, lo que sucederá entre 5-10 minutos.
10. ¡Sirva!

Información Nutricional (1/10 receta):
Calorías totales: 718
Proteínas: 68
Carbohidratos: 35
Grasas: 30
Fibra: 0

Capítulo 8: Mariscos y Pescados

La comida de mar es una opción a menudo omitida como plato principal, pues puede ser engañoso saber qué hacer con ella. Esta sección le da montones de ideas para hacer con la generosidad del mar, incluido salmón, bacalao, camarones e incluso mejillones. Un poco también sobre el complemento en sabor que tiene cada ingrediente marino, por lo que Usted verá platos que usan jarabe de arce, jengibre, sazonador "Old Bay" y cúrcuma. Puesto que los pescados y mariscos se coconan tan rápido, Usted verá algunos de los tiempos más cortos para tanto la olla de presión como la de cocimiento lento en los ajustes de la Multi-Cooker.

Salmon Sencillo con Miel de Arce (Cocción Lenta)
Merlango en Crema + Espinaca (Cocción a Presión)
Camarones Hervidos (Cocción Lenta)
Paella de Camarón (Cocción a Presión)
Mejillones, Arroz y Patatas (Cocción Lenta)
Camarones Picantes con jengibre y Ajo (Cocción Lenta)
Camarones Alfredo (Cocción a Presión)
Risotto Rápido de Camarón (Cocción a Presión)
Salmón Dulce-Picante (Cocción Lenta)
Bacalao Estilo Thai con Salsa de Piña (Cocción a Presión)

Salmón Sencillo con Arce (Cocción Lenta)

Porciones: 6

Tiempo para preparar: 1 minuto
Tiempo decocción: 1 hora
Tiempo en total: 1 hora, 1 minuto

Me gusta usar un montón de hierbas sabrosas y especias con el salmón, pero una vez utilicé jarabe de arce, y no hubo vuelta atrás. Esta es mi receta favorita para salmón, que en adición al jarabe de arce, tiene jugo de limón, salsa de soja, ajo y jengibre. Usted puede usar tanto filetes frescos de salmón , como congelados que ha puesto a deshielar.

Ingredientes:

5 filetes (4-onzas) de salmón descongelados (o frescos)
½ tazade jarabe de arce (maple)
¼ tazade salsa de soja
⅛ tazade jugo de limón
3 dientes de ajo machacados
½ cucharaditade jengibre

Procedimiento:

1. Engrase su Crock-Pot.
2. Coloque el salmon dentro de la olla.
3. Mezcle juntos el jarabe de arce, salsa de soya, jugo de limón, ajo y jengibre.
4. Vierta sobre el pescado y cierre la tapa.
5. Presione el ajuste de SLOW COOK y cocine a temperatura ALTA - HIGH durante 1 hora.

Información Nutricional (⅙ receta):
Calorías totales:426
Proteinas: 40
Carbohidratos: 14.7
Grasas: 22
Fibra: 0

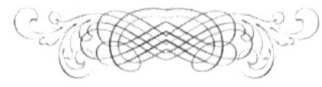

Merlango Cremoso con Espinaca (Cocción a Presión)

Porciones: 4

Tiempo para preparar: 6 minutos
Tiempo decocción: 6 minutos
Tiempo para salsa/mezcla: 6 minutos
Tiempo en total: 18 minutos

El merlango es un pescado firme y blanco con un sabor muy suave, de forma que si Usted no logra encontrar, cualquier pescado blanco (como el bacalao) le servirá. La estrella de este plato es la salsa, que está hecha con cebolla, ajo, tomates, caldo y crema, lo que Usted agrega *después* que la presión de la olla se haya liberado. La espinaca también se agrega al final de la receta, pues se marchita muy rápido.

Nota de Cocina: si a Usted no le gusta la espinaca, puede utilizar cualquier otra hoja verde, como col rizada o algún repollo.

Ingredientes:

2 cucharadasde mantequilla
1 cebollapicada
2 dientes de ajo machacados
2 tazasdecaldode pollo
2 tazasde tomates enteros pelados y enlatados
1 cucharadade sazón italiano
1 librade filetes de merlango congelados (*no*deshielados)
Sal al gusto
2 tazasde espinaca fresca

½ taza de crema entera

Procedimiento:

1. Presione el ajuste de BROWN/SAUTÉ en su Crock-Pot y coloque la mantequilla.
2. Cuando se haya derretido y esté caliente, agregue la cebolla y ajo.
3. Cocine hasta que estén suaves y aromáticos.
4. Coloque el caldo de pollo y agregue los tomates y el sazón italiano.
5. Cuando esté a fuego muy bajo, coloque la cesta para vaporizar y meta el merlango dentro.
6. Sazone con sal y selle la tapa.
7. Presione el botón de BEANS/CHILI y programe el tiempo a 6 minutos.
8. Cuando ya ha finalizado el tiempo programado, libere la presión de forma rápida.
9. Saque el cesto de vaporizar.
10. Haga puré con el caldo, usando una batidora de inmersión (o una normal).
11. Mézclele la espinaca y la crema, dejando que el calor del caldo marchite las hojas.
12. ¡Sirva el pescado con la salsa!

Información Nutricional (¼ receta):
Calorías totales: 216
Proteinas: 17
Carbohidratos: 11
Grasas: 9
Fibra: 1

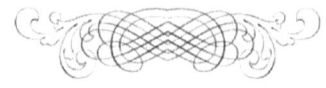

Camarones Hervidos (Cocción Lenta)

Porciones: 6-8

Tiempo para preparar: 1 minuto
Tiempo decocción: 4 horas, 30-45 minutos
Tiempo en total: 4 horas, 31 minutos - 4 horas, 46 minutos

Los camarones hervidos son algo grande en la Costa Este, y pueden reemplazar una barbacoa tradicional de res y cerdo. Las patatas deben ser las primeras en ser cocinadas, pues son a las que más tiempo les toma, y son 4 horasen LOW (BAJO) con ajo, el sazonador "Old Bay", cebollasyagua. El maíz, camarones crudos, salchicha y más Old Bay son añadidos después, y la Crock-Pot funciona por otros 30-45 minutos, esta vez en HIGH (ALTO). El dividir de esta forma los ingredientesal cocinar asegura que nada va a quedar sobrecocido.

Ingredientes:

3 libras de patatas rojas
4dientes de ajo machacados
4 cucharadas de sazonador Old Bay
2 cebollas en rodajas
4 tazas deagua
2 mazorcas con granos tiernos de maiz
1 ½ libras de camarones crudos
8-onzas de salchicha kielbasa en rodajas
¼ tazade jugo de limón
½ tazade perejil picado

Procedimiento:

1. Engrase su Crock-Pot.
2. Meta las patatas, ajo, 2 cucharadasde sazonador Old Bay, cebollas, yagua.
3. Cierre la tapa.
4. Presione el botón de SLOW COOK y cocine en el ajuste de LOW (BAJO) por 4 horas.
5. Cuando ya ha finalizado el tiempo programado, abra la tapa.
6. Agregue los camarones, maíz, salchicha y 2 cucharadasde sazonador Old Bay.
7. Presione de nuevo SLOW COOK,esta vez en HIGH (ALTO), durante 30-45 minutos.
8. Cuando los camarones estén rosados y sólidos, estarán listos.
9. Mézclele el jugo de limón y perejil.
   10. ¡Sirva!

Información Nutricional (⅙ receta):
Calorías totales:468
Proteinas: 28
Carbohidratos: 63
Grasas: 12
Fibra: 7

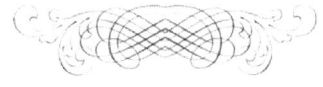

Paella de Camarón (Cocción a Presión)

Porciones: 4

Tiempo para preparar: 10 minutos
Tiempo decocción: 5 minutos
Tiempo para los Camarones: 5 minutos
Tiempo en total: 20 minutos

La Paella es un plato tradicional español, y por lo general toma bastante tiempo la preparación. Cuando se usa la Cocción a Presión, se reduce a sólo20 minutosen total. De primero van los ingredientes aromáticos en abundante mantequilla, y luego el arroz se cuece en caldo de pollo y vino blanco. Los camarones, que deben ser comprados precocidos, se calientan en la Crock-Pot.

Nota de Cocina: Notará Usted que esta receta no incluye azafrán, el cual es el ingrediente clave para una paella tradicional. Sin embargo, es muy caro, y se utiliza únicamente para una preparación, que es la razón por la que lo saqué. La cúrcuma es un sustituto adecuado.

Ingredientes:

4 cucharadasde mantequilla
1 cebolla picada
4 dientes de ajo picados
1 cucharaditade paprika
1 cucharaditade cúrcuma
¼ cucharaditade hojuelas de pimiento rojo
Sal al gusto
Pimienta al gusto
1 tazade arroz Jasmine seco
1 tazade caldo de pollo
½ tazade vino blanco
1 librade camarón precocido y descongelado

Procedimiento:

1. Presione el botón de BROWN/SAUTÉ en su Crock-Pot y añada la mantequilla.
2. Cuando esté derretida y caliente, agregue lascebollas.
3. Cuando esté suave, agregue el ajo y cocine por otro minuto.
4. Agregue la paprika, cúrcuma, hojuelas de pimiento rojo, sal, y pimienta negra.
5. Después de un minuto, agregue elArrozy tuéstelo por un minuto aproximadamenre.
6. Vierta el caldo de pollo y vino. Deberá estar cubierto el arroz.
7. Selle la tapa.
8. Presione el botón de BEANS/CHILI y programe el tiempo a 5 minutos.
9. Cuando ya ha finalizado el tiempo programado, libere la presion de forna rápida.
10. Agregue los camarones descongelados para que se calienten con el calor sobrante de la Crock-Pot.
11. Cuando ya estén calientes, ¡Sirva!

Información Nutricional (¼ receta):
Calorías totales:417
Proteinas: 28
Carbohidratos: 44
Grasas: 13
Fibra: 0

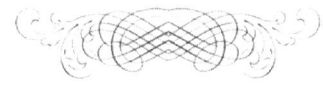

Mejillones, Arroz, y Patatas (Cocción Lenta)

Porciones: 8

Tiempo para preparar: 6 minutos
Tiempo al vapor: 5 minutos
Tiempo decocción: 1 hora, 30 minutos
Tiempo en total: 1 hora, 41 minutos

Con esta receta Usted tiene una comida completa - mejillones, patatas y arroz. Cocinelos mejillones primero con cebolla y vino. Después que el líquido entre en ebullición, Usted cierra la tapa pero no se cocina a fuego lento o a presión. Sólo déjelo hervir por 5 minutos. Las conchas entonces se abrirán y la carne se puede remover. Agregue entonces la carne del mejillón a la olla con patatas, arroz, perejil deshidratado y la sal. Le tomara solo 1 ½ horas en la temperatura HIGH (ALTA) en el ajuste de SLOW COOK.

Ingredientes:

1 cebolla en rodajas
2 libras de mejillones crudos.
1 tazade vino blanco.
2 libras de patatas peladas y picadas
2 tazas deArrozseco
Perejil deshidratado al gusto
Sal al gusto

Procedimiento:

1. Engrase su Crock-Pot.
2. Coloque rodajas de cebolla para cubrir el fondo.
3. Añada los mejillones crudos y el vibo blanco. .
4. Presione BROWN/SAUTÉ y lleve a ebullición.
5. Cuando hierva, coloque la tapa y espere 5 minutos.
6. Los mejillones se deberan abrir.
7. Cuidadosamente remueva las conchas.
8. Añada las patatas, el arroz, y la carne de los mejillones a la Crock-Pot.

9. Cierre la tapa.
10. Presione el botón de SLOW COOK y cocine en la temperatura de HIGH (ALTA) por 1 ½ horas.
11. Añada sazonadores al gusto, y ¡Sirva!

Información Nutricional (⅛ receta):
Calorías totales:378
Proteinas: 19
Carbohidratos: 64
Grasas: 3
Fibra: 2.5

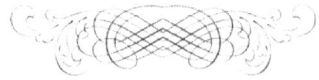

Camarones Picantes con Ajo y Jengibre (Cocción Lenta)

Porciones: 4-6

Tiempo para preparar: 1 minuto
Tiempo decocción: 1 hora, 15 minutos
Tiempo adicional: 7 minutos
Tiempo en total: 1 hora, 23 minutos

Este plato único de camarones abarca el lado picante de la vida. El ingrediente clave es el sambaloelek, que es una salsa picante de Indonesia hecha a base de pimientos picantes, salsa de pescado, ajo, jengibre y más. Incluso aunque tenga ese nombre tan elegante, Usted lo podra encontrar en casi cualquier lugar, incluso en un Walmart. Elsambal se cocina junto con jengibre, cebolla verde, ketchup, ajo, vinagre de sidra de manzana y azúcar durante 1 hora, de forma que la salsa realmente queda mezclada. Los camarones se cocinan a continuación, por solo 15 minutos. Para dejar finalizado el platillo, un huevo batido y aceite de sésamo son añadidos, y se deja cocinando por otros 7 minutos. ¡Los camarones y su salsa van muy bien con Arroz!

Ingredientes:

1 pizca de jengibre molido
1 cebollaverde picada
5 dientes de ajo picados
½ tazade ketchup
2 cucharadas desambaloelek
2 cucharadasde vinagre de sidra de manzana
1 cucharadade azúcar
1 librade camarón crudo con su cáscara
1 cucharadade aceite de sésamo
1 huevo batido

Procedimiento:

1. Engrase su Crock-Pot.
2. Mezcle en la olla el jengibre, cebolla, ajo, ketchup, sambaloelek, vinagre y azúcar.
3. Cierre la tapa.
4. Presione el botón de SLOW COOK y cocine en temperatura HIGH (ALTA) durante 1 hora.
5. Cuando ya ha finalizado el tiempo programado, agregue los camarones.
6. Presione de nuevo SLOW COOK y cocine de nuevo en High por otros 15 minutos.
7. Cuando esté listo, agregue el aceite de sésamo y el huevo.
8. Apague su Crock-Pot y déjala con la tapa puesta por otros 7 minutos.
9. ¡Sirva!

Información Nutricional (¼ receta):

Calorías totales:291
Proteinas: 19
Carbohidratos: 5
Grasas: 5
Fibra: 0

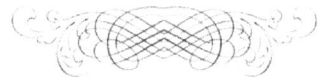

Camarones Alfredo (Cocción a Presión)

Porciones: 4-6

Tiempo para preparar: 5 minutos
Tiempo decocción: 4 minutos
Tiempo para la Salsa: 5 minutos
Tiempo en total: 14 minutos

Esta receta es una de mis formás favoritas de usar los camarones cuando están en rebaja. El unico preparativo es la cocción del ajo por un momento en aceite, para que ya no esté crudo. A continuación se añade pasta y agua a la olla. Los camarones se cocinan realmente al mismo tiempo al envolverlos en un paquete de papel aluminio junto con sal, paprika y jugo de limón. Luego se coloca justo encima de la pasta. Se cocina a presión por sólo 4 minutos, y se libera la presión de forna rápida. Se desenvuelven los camarones, se mezclan en la olla y se les agrega salsa alfredo que ha sido mezclada con salsa de chile dulce.

Ingredientes:

2 cucharadasde aceite de oliva
3 dientes de ajo picados

1 libra de pasta
3 tazas deagua
1 librade camarones crudos
1 cucharaditade sal
1 cucharaditade paprika
1 cucharadade jugo de limón
¾ de un frasco de 15 onzas de salsa Alfredo.
½ tazadesalsa de chile dulce

Procedimiento:

1. Presionar el botón de BROWN/SAUTÉ en su crock-pot y agregar el aceite.
2. Cuando esté caliente, cocinar el ajo hasta que suelte su aroma.
3. Colocar pasta en la olla (Usted tendrá que partirla a la mitad) y añadir elagua.
4. Colocar los camarones crudos en papel aluminio y rociar con sal y paprika.
5. Rociar con jugo de limón.
6. Envolver el papel aluminio alrededor de los camarones.
7. Colocar el paquete justo encima de la pasta dentro de la Crock-Pot ysellar la tapa.
8. Presionar el botón de STEAM y programar eltiempopara sólo 4 minutosa alta presión.
9. Cuando ya ha finalizado el tiempo programado, liberar inmediatamente la presión de forma rápida.
10. Cuidadosamente remover el paquete con los camarones, desenvolver y agregar el contenido a la pasta.
11. Para hacer la salsa, mezclar las salsas Alfredo y la de chile dulce.
12. Mezclar a la pasta, dejando que el calor residual de la Crock-Pot caliente todo el conjunto.
13. ¡Sirva!

Información Nutricional (¼ receta):

Calorías totales: 728
Proteinas: 39
Carbohidratos: 101
Grasas: 19
Fibra: 0

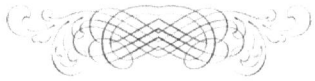

Risotto Rápido de Camarón (Cocción a Presión)

Porciones: 4

Tiempo para preparar: 10 minutos
Tiempo decocción: 7 minutos
Tiempo para el camarón: 6 minutos
Tiempo en total: 23 minutos

Otro favorito en mi casa, este risotto de camarones rebosa de sabores a mantequilla y a queso. Se cocina en primer lugar los ingredientes aromáticos, para crear la importantísima base, y luego se tuesta el arroz. Se apaga con pollo y vino blanco, y luego se cuece a presión por 7 minutos. Luego que se ha liberado rápidamente la presión es que se añade el camarón, y el calor del arroz calienta todo el conjunto incluidos los camarones.

Ingredientes:

2 cucharadasde mantequilla
1 cebolla picada
3 dientes de ajo picados

1 taza de arroz seco Arborio
2 ¼ tazas de caldo de pollo
¼ taza de vino blanco
2 cucharaditas de condimento italiano
15 de camarones precocidos ya descongelados
2 tazas de guisantes congelados
½ taza de queso parmesano rallado
Sal al gusto

Procedimiento:

1. Encienda su Crock-Pot en el ajuste de BROWN/SAUTÉ y coloque la mantequilla.
2. Cuando esté caliente, agregue las cebollas y ajo.
3. Cocine hasta que las cebollas estén transparentes.
4. Agregue el Arroz y mezcle por alrededor de 1 minuto para tostar
5. Vierta el caldo de pollo y el vino y rocíe con el condimento italiano.
6. Selle la tapa y deje a fuego bajo.
7. Presione el botón de BEANS/CHILI y programe el tiempo a 7 minutos.
8. Cuando ya ha finalizado el tiempo programado, libere inmediatamente la presión y agregue los camarones y chícharos.
9. Mezcle para que se cocinen los camarones y se calienten los chícharos.
10. Cuando los camarones estén rosado brillante y con apariencia sólida, ya están cocinados.
11. Agregue el queso y pruebe si necesita más sal.
12. ¡Sirva!

Información Nutricional (¼ receta):
Calorías totales: 371
Proteínas: 18
Carbohidratos: 50

Grasas: 9
Fibra: 0

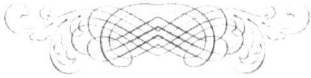

Salmón Dulce y Picante (Cocción Lenta)

Porciones: 4

Tiempo para preparar: 5 minutos
Tiempo de cocción: 2 horas
Tiempo en total: 2 horas, 5 minutos

Otro ingrediente dulce que va muy bien con el salmón es la miel, y se complementa con la paprika, ajo, condimento italiano, y el chile en polvo de esta receta. Mezcle las especias con la miel y unte generosamente en los cuatro filetes de salmón. Envuelva en papel aluminio y meta en la Crock-Pot para cocimiento lento durante 2 horas. ¡Sirva con Arroz!

Nota de Cocina: Las temperaturas de cocción variarán dependiendo del tipo de salmón que se use. Un Salmón salvaje deberá ser cocinado a 120-grados, mientras que salmón de granja es mejor a 125.

Ingredientes:

2 cucharadasde miel
1 cucharaditade paprika
2 dientes de ajo picados
1 cucharaditade condimento italiano

½ cucharaditade chile en polvo
½ cucharaditade sal
4 filetes de salmón (de 4 onzas)
4 tazasdearrozblanco cocinado.

Procedimiento:

1. En un tazón mezcle la miel con las especias secas.
2. Prepare un pedazo de papel aluminio (uno para cada pieza de pescado), y coloque el pescado en él.
3. Unte con la mezcla de miel abundantemente cada filete y envuelva cada uno por separado.
4. Métalos en su Crock-Pot.
5. Presione el botón de SLOW COOK y cocine a temperatura de HIGH (ALTA) por 2 horas, hasta que el salmon esté a 125 grados.
6. ¡Sirva su salmon conArroz!

Información Nutricional (¼ receta):
Calorías totales:199
Proteinas: 24
Carbohidratos: 21
Grasas: 2
Fibra: 0

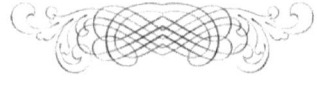

Bacalao estilo Thai con Salsa de Piña (Cocción a Presión)

Porciones: 4

Tiempo para preparar: 30 minutos
Tiempo decocción: 10 minutos
Tiempo en total: 40 minutos

Esta es una de las pocas recetas que requieren ser marinadas. Realmente no recomendaria saltarse este paso, pues asegura que el pescado tendrá montón de sabor. Una vez marinado en leche de coco, pasta roja de curry, salsa de pescado, salsa de chile dulce, ajo y jengibre, el pescado se envuelve en papel aluminio en paquetes y se coloca en la cesta de vaporización. Coloque 2 tazasdeaguaenla Crock-Pot, e inserte la cesta con el pescado. Se cocina a presión por 10 minutosen HIGH (ALTA). ¡Sirva el bacalao finalizado con salsa de piña, para un bocadillo tropical!

Ingredientes:

1 tazadeleche de coco
½ cucharadade pasta roja de curryThai
1 cucharadade salsa de pescado
2 cucharaditas de salsa de chile dulce
3 dientes de ajo picados
1 cucharaditade jengibre
4 filetes de bacalao
2 tazas deagua
Un frasco de salsa de piña (como la de Newman)

Procedimiento:

1. En un tazón mezcle la leche de coco, pasta de curry, salsa de pescado, salsa de chile, ajo y jengibre.
2. Mezcle en bolsasZiploc con los filetes y meta al refrigerador por 30 minutos.
3. Cuando esté listo, envuelva cada pieza de pescado en paquetes individuales de papel aluminio.
4. Ponga el agua en la olla y agregue la cesta para vaporizar. .

5. Coloque los paquetes de pescado en la olla y cierre la tapa.
6. Presione el botón de BEANS/CHILI y programe el tiempoa 10 minutosa alta presión.
7. Cuando ya ha finalizado el tiempo programado, libere rápidamente la presión.
8. Desenvuelva con cuidado el pescado y emplate.
9. ¡Sírvalo con salsa de piña!
2.

Información Nutricional (¼ receta):
Calorías totales:182
Proteinas: 6
Carbohidratos: 23
Grasas: 11
Fibra: 1

Capítulo 9: Sopas + Estofados

Por ser de gran tamaño la Multi-Cooker, es el vehículo perfecto para preparar sopas y estofados. Éstos mejoran con el tiempo, por lo que me gusta hacer más de lo que necesito y guardar el resto como sobras. Las sopas y estofados en cocción lenta son de lo mejor, pues el prolongado tiempo permite que los sabores se fusionen realmente y se intensifiquen. Para las recetas de cocción a presión esrealmente importante dorar y condimentar ciertos ingredientes, pues no tienen el beneficio del tiempo. Esos estofados son, sin embargo, realmente convenientes cuando Usted los quiere calientes y listos realmente rápido.

Sopa de Pollo y Patatas (Cocción Lenta)
Sopa Lasaña (Cocción Lenta)
Estofado de Res (Cocción a Presión)
Sopa de Pollo a la Parmesana (Cocción Lenta)
Sopa de Pollo y Espaguetti (Cocción a Presión)
Sopa de Pollo en Crema + Arroz Integral (Cocción Lenta)
Sopa Clásica de Tomate (Cocción a Presión)
Sooa de Calabaza Picante (Cocción Lenta)
Sopa de Coliflor en Queso (Cocción a Presión)
Estofado de Almejas (Cocción a Presión)

Sopa de Pollo y Patatas (Cocción Lenta)

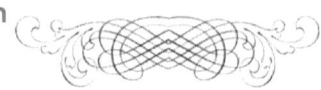

Porciones: 6-8

Tiempo para preparar: 5 minutos
Tiempo decocción: 8-12 horas
Tiempo en total: 8 horas, 5 minutos – 12 horas, 5 minutos

Cuando pienso en sopas de cocimiento lento, esta es la receta que me viene a la mente. Tiene los cuarro principales ingredientes aromáticos: cebolla, ajo, zanahoria y apio, o sea que ya sabemos que el sabor va a ser realmente fuerte y delicioso. Para el cuerpo de la sopa tenemos pechugas de pollo y patatas para satisfacer. Un poco de tocino no hace daño, tampoco.

Ingredientes:

4 rodajas de tocino precocidas y picadas
1 cebolla picada
4 dientes de ajo picados
1 ½ libras de pechugas de pollo deshuesadas y sin piel
3 libras de patatas Yukon Gold peladas y rodajadas
3 tazasde zanahoria picada
2 tazasde apio picado
8 tazasde caldo de pollo
1 cucharaditade condimento italiano
Sal al gusto
Pimienta al gusto
Un toque de crema entera

Procedimiento:

1. Engrase su Crock-Pot.
2. Añada el tocino, cebolla y ajo a la olla.
3. Coloque sobre ellos las pechugas de pollo, seguido por las patatas, zanahoria y apio.
4. Agregue el caldo y rocíe los condinentos secos.
5. Cierre la tapa.
6. Presione el botón de SLOW COOK y cocine en la temoeratura LOW (BAJO) durante 8-12 horas.
7. Desmenuce el pollo y pruebe, sazonando con más sal y pimienta si lo considera necesario.
8. Agregue un toque de crema entera para espesar.
9. ¡Sirva!

Información Nutricional (⅙ receta):

Calorías totales:393
Proteinas: 35
Carbohidratos: 66
Grasas: 5
Fibra: 6

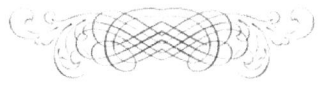

Sopa Lasagna (Cocción Lenta)

Porciones: 8

Tiempo para preparar: 12 minutos

Tiempo decocción: 7-8 horas
Tiempo adicional: 10 minutos
Tiempo en total: 7 horas, 22 minutos – 8 horas, 22 minutos

Este plato tradicional de pasta transformado en una sopa que se cocina toda la noche (o todo el día). Posee todos los ingredientes esenciales: carne, cebolla, ajo, tomates, pasta y queso. La carne se dora previamente con la cebolla y el ajo, y luego se cocina con los tomates, salsa de tomate y caldo de res. La pasta se cocina por separado porque no le toma tanto tiempo, y entonces Usted mezcla todo el conjunto y ¡ remata con queso!

Ingredientes:

1 librade carne molida
1 cebollaen cubos
4 dientes de ajo picados
Un frasco (28-onzas) de tomates aplastados
Un frasco (14.5-onzas) de tomates en cubos estilo italiano
Unfrasco (15-onzas) de salsa de tomate
4 tazasdecaldode res
4 cucharaditas de condimento italiano
6-onzas de pasta seca para lasaña
Queso parnesano rallado al gusto
Queso Mozarella rallado al gusto

Procedimiento:

1. Presione BROWN/SAUTÉen su olla, y añada la carne, cebolla, y ajo.
2. Mueva para dorar, hasta que la carne ya no esté rosada.
3. Agregue el resto de los ingredientes excepto la pasta - ésta se cocina muy rápido, por lo que no va esta vez.
4. Cierre la tapa.
5. Presione el control de SLOW COOK y cocine en temperatura LOW (BAJO)durante 7-8 horas.

6. Cuando falten 10 minutos o algo así, cocine la pasta en una olla en su estufa.
7. Cuando ya ha finalizado el tiempo programado en la Crock-Pot, agregue la pasta y cocine por otros 10 minutos.
8. ¡Sirva la sopa coronada con queso parmesano y mozarella!

Información Nutricional (⅛ receta):
Calorías totales: 240
Proteinas: 21
Carbohidratos: 20
Grasas: 9
Fibra: 1.8

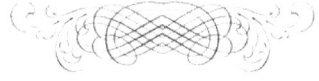

Estofado de Res (Cocción a Presión)

Porciones: 8

Tiempo para preparar: 12 minutos
Tiempo de cocción: 15-20 minutos
Liberación Natural de la Presión: 10 minutos
Tiempo en total: 37-42 minutos

Con el estofado de res generalmente se debe planificar con un día de anticipación porque toma horas y horas. Pero con el ajuste de cocción a presión de la Multi-Cooker, se puede preparar el estofado en menos de una hora. Los Ingredientes principales se deberán dorar de primero -cebolla, aljo, res, zanahorias y apio. Eso va en la Crock-Pot con caldo de res y patatas, y se cocina por sólo 15-20 minutos hasta que la carne llega a 145-grados. Para obtener una consistencia más espesa, agregue una pasta de almidón de maiz (maicena)después que se haya liberado la presión.

Ingredientes:

1 cucharadade aceite de oliva extra virgen
1 cebollacortada en cubos.
3 dientes de ajo picados
2 libras de carne de res para estofado cortada en cubos
5 zanahorias grandes en cubos
3 tallos de apio en pedazos
2 tazasdecaldode res
8 patatas peladas y cortadas en cubos
1 cucharadadeaguafría
2 cucharaditas de almidón de maiz (maicena)
Sal al gusto

Procedimiento:

1. Coloque el aceite en su Crock-Pot y presione el botón de BROWN/SAUTÉ.
2. Cuando esté caliente, agregue la cebolla, ajo y carne.
3. Mueva y cocine hasta que la carne esté dorada por todos lados
4. Añada las zanahorias y apio y cocine por unos pocos minutos.
5. Agregue elcaldoy las patatas.
6. Selle la tapa.
7. Presione el botón de BEANS/CHILI y programe sutiempoa 15 minutos.
8. Cuando ya ha finalizado el tiempo programado, espere que la presión se libere naturalmente.
9. Revise la temperatura de la carne. Debe ser de 145-grados.

10. Si no, vuelva a cocer a presión por sólo 5 minutos. Libere rápido la presión.
11. Abra la tapa.
12. Mezcle el aguafría con el almidón de maiz (maicena)en una tazahasta que esté homogéneo
13. Agregue a la Crock-Pot y mueva para espesar.
14. Añadasal al gusto.
15. ¡Sirva caliente!

Información Nutricional (⅛ receta):
Calorías totales:301
Proteinas: 30
Carbohidratos: 32
Grasas: 7
Fibra: 5.6

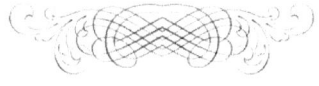

Sopa de Pollo Parmesano (Cocción Lenta)

Porciones: 4

Tiempo para preparar: 10 minutos
Tiempo decocción: 7 horas, 25 minutos
Tiempo en total: 7 horas, 35 minutos

El queso parmesano es uno de mis ingredientes preferidos, y se incluye en esta sopa. Después de cocinar el ajo, cebolla y apio en algo de aceite de oliva, se cocina a fuego bajo el pollo, tomates, caldo de pollo, condimento italiano y, por supuesto, queso parmesano durante 7 horasa temperatura baja. La pasta se cocina por 25 minutosenla Crock-Pot. ¡Lista la sopa!

Ingredientes:

Un chorritode aceite de oliva extra virgen
4 dientes de ajo picados
1 cebolla picada
1 tazade apio picado
Una lata (14.5-onzas) de tomates machacados
2 pechugas de pollo sin hueso ni piel
5 tazasde caldo de pollo
1 tazade Parmesano rallado
1 cucharadade condimento italiano
4-onzas de pasta seca penne
Sal al gusto

Procedimiento:

1. Ponga aceite de oliva en su Crock-Pot y presione BROWN/SAUTÉ.
2. Cuando esté caliente, añada el ajo, cebolla y apio.
3. Cocine por unos minutos hasta que liberen su fragancia. .
4. Agregue el resto deingredienteshasta el condimento italiano.
5. Cierre la tapa.
6. Presione el botón de SLOW COOK y cocine en LOW (BAJO) por 7 horas.
7. Cuando ya ha finalizado el tiempo programado, desmenuce el pollo.
8. Agregue la pasta.
9. Cocine de nuevo en SLOW COOK esta vez en HIGH (ALTO), por 25 minutos.
10. Pruébelo y agregue sal si lo considera necesario.
11. ¡Sirva!

Información Nutricional (¼ receta):

Calorías totales: 299
Proteinas: 27
Carbohidratos: 32
Grasas: 8
Fibra: 1

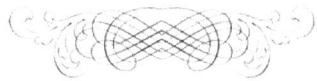

Sopa de Pollo y Fideos (Cocción a Presión)

Porciones: 4

Tiempo para preparar: 10 minutos
Tiempo decocción: 7 minutos
Liberación Natural de la Presión: 5 minutos
Tiempo para los fideos: 5 minutos
Tiempo en total: 27 minutos

Alguien en su familia se está sintiendo un poco mal, ya sea física o emocionalmente. Prepárele esta súper rápida sopa de pollo con fideos que está rebosante de zanahorias, apio y los antiguos sabores de siempre.¡Lleva apenas 30 minutosde principio a fin!

Ingredientes:

1 cucharadade aceite de oliva extra virgen
1 cebollacortada en cubos
4 dientes de ajo picados
2 zanahorias picadas
2 tallos de apio picados
6 tazasde caldo de pollo
1 ½ libras de pechuga de pollo sin huesos ni piel

8-onzas de fideos secos de huevo
1 cucharadita de perejil deshidratado
sal al gusto
pimienta al gusto

Procedimiento:

1. Encienda su Crock-Pot en BROWN/SAUTÉ y ponga el aceite.
2. Cuando esté caliente, añada lacebolla, ajo, zanahoria y apio.
3. Cocine hasta que ya no esté crudo, y esté fragante.
4. Eche el caldo y deglasee raspando cualquier pedacito de comida que haya quedado pegado en la olla.
5. Añada el pollo y selle la tapa.
6. Presione el botón de BEANS/CHILI y programe el tiempo a 7 minutos.
7. Cuando ya ha finalizado el tiempo programado, espere que la presión se libere naturalmente.
8. Desmenuce el pollo.
9. Agregue los fideos y presione de nuevo BROWN/SAUTÉ para mantener caliente la sopa.
10. Los fideos se cocinarán en unos 5 minutos.
11. Pruebe y sazone.
12. ¡Sirva!

Información Nutricional (¼ receta):
Calorías totales: 460
Proteinas: 48
Carbohidratos: 49
Grasas: 7
Fibra: 1

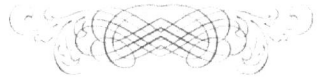

Sopa dePollo Cremoso con Arroz Integral (Cocción Lenta)

Porciones: 10

Tiempo para preparar: 1 minuto
Tiempo decocción: 7-8 horas
Tiempo adicional: 5 minutos
Tiempo en total: 7 horas, 6 minutos – 8 horas, 6 minutos

La sopa de pollo con arroz integral es la favorita de mi esposo. Su madre solía siempre prepararla, y es entonces nuestra favorita durante la "temporada de sopas", que ocurre a fines de otoño y durante todo el invierno. Realmente esta receta no lleva preparativos; sólo coloque en su Crock-Potel arroz integral con las pechugas de pollo sin hueso, cebolla, apio, cebollas, caldoy algunas hierbas secas y cocine en temperatura baja por7-8 horas. Para la cremosidad, caliente unrouxde mantequilla, harina y leche en la sartén, y mezcle luego en la Crock-Pot.

Ingredientes:

1 tazade Arrozintegral seco
1 librade pechugas de pollo sin hueso ni piel
1 tazade cebolla picada
1 tazade apio picado
1 tazade zanahorias picadas
6 tazasde caldo de pollo
½ cucharadita de tomillo seco
½ cucharadita de perejil seco
½ tazade mantequilla
¾ tazade harina

2+ tazasde leche entera
Sal al gusto
Pimienta al gusto

Procedimiento:

1. Coloque el arroz, pollo, cebolla, apio, zanahorias, caldo, tomillo y perejil en su Crock-Pot.
2. Mueva y cierre la tapa.
3. Presione el botón de SLOW COOK y cocine a baja temperatura -LOWpor 7-8 horas.
4. Cuando ya ha finalizado el tiempo programado, desmenuce el pollo.
5. En una sartén derrita la mantequilla y agregue el harina.
6. Cuando burbujee, espere un minuto más y mézclele la leche.
7. Cuando todo esté combinado, agregue a su Crock-Pot como un espesante, y mezcle.
8. Si queda muy espeso, agregue más leche y mezcle.
9. Pruebe y sazone con más sal y pimienta, si fuera necesario para su gusto.
10. ¡Sirva!

Información Nutricional (1/10 receta):
Calorías totales:239
Proteinas: 15
Carbohidratos: 17
Grasas: 2
Fibra: 1

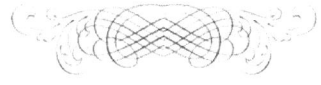

Sopa Clásica de Tomate (Cocción a Presión)

Porciones: 6

Tiempo para preparar: 10 minutos
Tiempo decocción: 5 minutos
Liberación Natural de la Presión: 5 minutos
Tiempo de mezclado: 5 minutos
Tiempo en total: 25 minutos

¿Qué es el queso a la parrilla sin sopa de tomate?. Esta es una receta grandiosa porque usa tres clases de tomate: enlatados, pasta y *secos* al sol. Ese sabor a tomate viene de forma realmente maravillosa. El tiempo de cocción es apenas5 minutos, y luego se mezcla hasta que está totalmente homogéneo.

Ingredientes:

2 cucharadasde mantequilla
2 cucharadasde aceite de oliva extra virgen
1 cebolla cortada en cubos
2 dientes de ajo picados
1 patata blanca en cubos
1 zanahoria cortada en cubos
Una lata (28-onzas) de tomates enteros
3 cucharadasde pasta de tomate
3 cucharadasde tomates secos al sol
4 tazasdecaldode vegetales
Sal al gusto
Pimienta al gusto

Procedimiento:

1. Encienda su Crock-Pot en el ajuste de BROWN/SAUTÉ.
2. Cuando esté caliente, coloque la mantequilla y aceite.
3. Cuando estén calientes, agregue la cebolla y ajo.
4. Cocine por unos minutos y añada la patata y zanahorias.
5. Agregue el tomate enlatado, la pasta de tomate y los tomates deshidratados al sol junto con el caldo.
6. Selle la tapa.
7. Presione el botón de BEANS/CHILI y programe el tiempoa sólo 5 minutosa alta presión.
8. Cuando ya ha finalizado el tiempo programado, deje que la presión se libere de forma natural.
9. Cuando se haya ido la presión, abra la tapa y utilice una batidora de inmersión, manual o una regular para que todo quede como una mezcla homogénea.
10. Pruebe y sazone con sal y pimienta según su gusto.
11. ¡Sirva!

Información Nutricional (⅙ receta):

Calorías totales:156
Proteinas: 3
Carbohidratos: 17
Grasas: 9
Fibra: 1.6

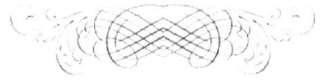

Sopa Picante de Calabaza (Cocción Lenta)

Porciones: 8

Tiempo para preparar: 10 minutos
Tiempo decocción: 8-10 horas
Tiempo de Mezcla 5 minutos
Tiempo en total: 8 horas, 15 minutos – 10 horas, 15 minutos

Yo soy de los que le pega o le falla el tino a la calabaza, pero amo esta receta. Creo que son realmente las especias las que la hacen especial. En adición a la cebolla y ajo regulares, Usted le agregará comino, paprika, nuez moscada y clavo. Para obtener una textura realmente cremosa, también le agregará una lata de leche entera de coco. Todo de cuece durante 8-10 horasen la Crock-Pot, y luego Usted lo hace puré. Esta es una enorme alternativa a la sopa de tomate y sabe grandiosa con queso a la parrilla.

Ingredientes:

1 cucharadade aceite de oliva extra virgen
1 cebolla cortada en cubos
4 dientes de ajo picados
1 cucharadade comino
½ cucharaditade paprika
½ cucharaditade nuez moscada
¼ cucharaditade clavo en polvo
Sal al gusto
Pimienta al gusto
4 tazasdecaldode vegetales

Una lata (29-onzas) de puré de calabaza
Una lata (14-onzas) de leche de coco entera sin endulzar.

Procedimiento:

1. Encienda su Crock-Pot en BROWN/SAUTÉ y coloque el aceite.
2. Cuando esté caliente añada lacebollay ajo.
3. Cocine hasta que la cebollaesté suave.
4. Añada las especias secas y mueva por medio minuto.
5. Agregue elcaldo, puré y leche de coco.
6. Cierre la tapa.
7. Presione el botón de SLOW COOK y cocine en temperatura baja - LOW durante 8-10 horas.
8. Cuando ya ha finalizado el tiempo programado, hágalo puré con la batidora manual o la regular.
9. Pruebe y agregue más sazón, si lo considera necesario.
10. ¡Sirva!

Información Nutricional (⅛ receta):

Calorías totales:182
Proteinas: 1
Carbohidratos: 15
Grasas: 13
Fibra: 2.5

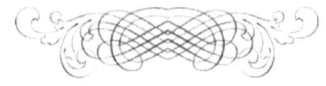

Sopa de Coliflor con Queso (Cocción a Presión)

Porciones: 4

Tiempo para preparar: 10 minutos
Tiempo decocción: 5 minutos
Liberación Natural de la Presión: 5 minutos
Tiempo de mezcla 5 minutos
Tiempo para derretir: 5 minutos
Tiempo en total: 30 minutos

¿No está Usted segura que hacer con una cabeza de coliflor que tiene por ahí en el refrigerador? ¡Hágala sopa! Cocine algunos ingredientes aromáticos (cebolla y ajo) en aceite, y selle la tapa con la coliflor adentro, caldo, sal y pimienta negra. Después de 5 minutosy una liberación natural de la presión, hágalo puré con crema de leche, y luego añada el queso.

Ingredientes:

2 cucharaditas de aceite de oliva extra virgen
1 cebolla cortada en cubos
3 dientes de ajo picados
1 cabeza de coliflor en floretes
1 ½ tazasdecaldode vegetales
Sal al gusto
Pimienta al gusto
1 tazade crema de leche
⅔ taza de queso mozzarella rallado
½ taza de queso parmesano rallado

Procedimiento:

1. Presione BROWN/SAUTÉ en su Crock-Pot y añada el aceite.
2. Cuando esté caliente, coloque la cebolla y ajo, y cocine hasta que estén fragantes y suaves.
3. Añada la coliflor, caldo, sal y pimienta.
4. Selle la tapa.

5. Presione BEANS/CHILI y programe el tiempo a apenas 5 minutos a alta presión.
6. Cuando ya ha finalizado el tiempo programado, espere la liberación natural de la presión.
7. Hágalo puré con una batidora de inmersión o una regular, añadiendo crema de leche.
8. Agregue los quesos y mueva hasta que se derritan.
9. ¡Sirva!

Información Nutricional (¼ receta):
Calorías totales:233
Proteinas: 14
Carbohidratos: 15
Grasas: 14
Fibra: 5

Estofado de Almeja (Cocción a Presión)

Porciones: 4-6

Tiempo para preparar: 20 minutos
Tiempo decocción: 5 minutos
Tiempo a fuego bajo: 5 minutos
Tiempo en total: 30 minutos

En cualquier momento que yo vaya ya sea a la costa, debo conseguir estofado de almejas, pero eso no sucede a menudo. Para satisfacer mi anhelo, esta receta de Cocción a Presiónda en el clavo. Panceta, cebolla, sal, y pimienta forman una base de sabores esenciales para el resto de la sopa, o sea que consiga la panceta. Deglaseela con vino blanco y luego añada patatas, sazóny el jugo de almejas. Eso se cuece por sólamente 5 minutosy después una rápida liberación. El roux es el estándar de mantequilla y harina, que va después de liberar la presión con crema de leche y las almejas. ¡Sirva con pan tostado!

Ingredientes:

1 tazade panceta de cerdo cortada en cubos
1 cebolla picada
Sal al gusto
Pimienta al gusto
½ tazade vino blanco
2 de patatas blancas en cubos
1 cucharadita de tomillo seco
½ cucharaditade sazonador Old Bay
2 tazasde jugo de almeja
1 cucharadade mantequilla
1 cucharada de harina
2 tazas de crema de leche
11-onzas de almejas enlatadas

Procedimiento:

1. Coloque la panceta en su Crock-Pot y presione BROWN/SAUTÉ.
2. Cuando crepite, añada lacebolla, saly pimienta.
3. Continúe cocinando hasta que la cebolla se suavice.
4. Agregue el vino para deglasear, raspando todos los pequeños pedazos de comida que se hayan pegado en el fondo.
5. Cuando el vino casi haya terminado de evaporarse, añada las patatas, tomillo, sazón Old Bay y jugo de almejas.
6. Selle la tapa.
7. Presione el botón de BEANS/CHILI y programe el tiempoa sólo 5 minutosa alta presión.
8. Para preparar el roux, derrita mantequilla en una sartén o estufa, y bátale harina hasta que quede bien incorporada.

9. Cuando ya ha finalizado el tiempo programado en la Crock-Pot, libere rápido la presión.
10. Mézclele el roux, crema de leche, y almejas enlatadas.
11. Presione BROWN/SAUTÉ en la Crock-Pot, y cocine a fuego lento por 5 minutos, sin tapadera.
12. ¡Sirva!

Información Nutricional (¼ receta):
Calorías totales: 345
Proteinas: 11
Carbohidratos: 27
Grasas: 21
Fibra: 4

Capítulo 10: Vegana

Hay dos electrodomésticos que es obligatorio tener para comida vegana: una olla de cocimiento lento y una de cocción a presión. Con la Express Multi-Cooker¡Ustedobtiene una Crock-Pot que es ambas! Y ambas son realmente buenas para cocinaringredientes como frijoles secos, lentejas y vegetales, y sacarles lo mejor de su sabor. El cocimiento a presión es realmente el método de cocina más saludable y conserva la mayoría de nutrientes, que es a menudo una preocupación de los veganos. Esta sección contiene recetas para ambos ajustes en la Crock-Pot, el de cocción lenta y el de presión, e incluyecomida de una variedad de cocinas, asi que Usted no sentirá que come lo mismo todo el tiempo.

Chili con Quinoa (Cocción Lenta)
Estofado de Lentejas al estilo masala (Cocción Lenta)
Bol de Tacos (Cocción Lenta)
Sopa Minestrone (Cocción a Presión)
Risotto de Calabacín Mantequilla + Espinaca (Cocción a Presión)
Tofu + Arroz (Cocción Lenta)
Curry de Tofu y Coco (Cocción a Presión)
Peras Escalfadas (Cocción a Presión)

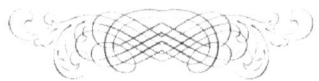

Chili con Quinoa (Cocción Lenta)

Porciones: 6-8

Tiempo para preparar: 1 minuto
Tiempo decocción: 6-8 horas
Tiempo en total: 6 horas, 1 minuto – 8 horas, 1 minuto

El Chili es una se las comidas más saludables que se pueda preparar en una Crock-Pot, y "veganizarlo" no es difícil. En vez de carne, se cuenta con dos clases de frijoles y quinoa. Para aportar sabor, me gusta un sazón para taco libre de preservantes y no demásiado salado. Algo de cocoa oscura en polvo le aporta fumosidad. Cocine a fuego lento el chili durante6-8 horas.

Ingredientes:

5 tazasdecaldode vegetales (o vegano)
2 latas (15-onzas) de frijoles negros no drenados
2 latas (14-onzas) de tomate en cubos
1 lata (15-onzas) de frijoles pinto sin drenar
1 tazade quinoa cruda
1 cebolla picada
5 dientes de ajo picados
3 cucharadasde sazón orgánico para tacos
Una pizca de cocoa oscura en polvo
Sal al gusto

Procedimiento:

1. Coloque todo en su Crock-Pot y dele una buena mezclada.
2. Cierre la tapa.
3. Presione SLOW COOK y cocine a temperatura LOW (BAJA) durante 6-8 horas.
4. Pruébelo y sazónelo con más sal, si lo considera necesario.
5. ¡Sírvalo caliente!

Información Nutricional (⅙ receta):
Calorías totales:315

Proteinas: 14
Carbohidratos: 57
Grasas: 3
Fibra: 11

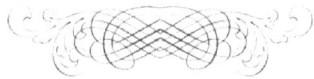

Estofado de Lentejas al Estilo Masala (Cocción Lenta)

Porciones: 6-8

Tiempo para preparar: 1 minuto
Tiempo decocción: 6 horas
Tiempo en total: 6 horas, 1 minuto

Este estofado es una gran forma de utilizar lentejas secas, que es un sustituto común de la carne. El plato completo es sazonado congarammasala, una especia común de la India, hecha a base de macis, clavo, granos de pimienta, comino, cilantro y canela. Para cremosidad se puede añadir una taza de leche de coco antes de servir.

Nota de Cocina: La marca comercial Bee Free Honeefabrica un sustituto de miel a base de jugos de manzana, caña de azúcar y jugo de limón.

Ingredientes:

4 tazasdecaldoveggie
2 ½ tazas de lentejas marrones secas
1 lata (15-onzas) de tomates en cubos sin drenar

¼ taza de pasta de tomate
1 ½ cucharaditas de garam masala
1 cucharadita de miel Bee-Free
1 cucharadita de ajo en polvo
1 cucharadita de cebolla en polvo
1 cucharadita de jengibre en polvo
Sal al gusto
1 taza de leche de coco lite

Procedimiento:

1. Coloque todos los Ingredientes (excepto la leche de coco) en su Crock-Pot y mezcle.
2. Presione el ajuste de SLOW COOK y cocine a temperatura LOW (BAJA) durante 6 horas. Revise después de 4 horas para ver si las lentejas han absorbido el agua. Si es asi, agregue más caldo y termine de cocinar.
3. Cuando ya ha finalizado el tiempo programado, mézclele la leche de coco.
4. ¡Sírvalo tal cual o sobre arroz!

Información Nutricional (⅙ receta):
Calorías totales: 355
Proteinas: 23
Carbohidratos: 58
Grasas: 4
Fibra: 12.5

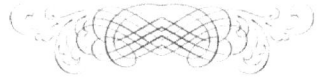

Tazón de Tacos (Cocción Lenta)

Porciones: 6

Tiempo para preparar: 1 minuto
Tiempo decocción: 2 horas
Tiempo en total: 2 horas, 1 minuto

Una receta relativamente corta para el ajuste de cocción lenta en la Crock-Pot, este tazón de tacos contiene todos los ingredientes obligados, como frijoles, salsa, pimiento morróny arroz. Y para coronar, un aguacate en rodajas le agrega las grasas saludables. Me gusta esta receta porque es versátil, y se pueden usar distintos ingredientespara cambiar un poco las cosas, usando distintos tiposde frijol, verduras y salsas.

Ingredientes:

2 tazasdecaldode vegetales
1 tazade arrozpardo de grano largo
1 cebolla picada
Sal al gusto
½ cucharadade sazón
2 latas (15-onzas) de frijoles negros, drenados
1 chile morrón amarillo cortado en cubos
5 tazasde salsa (Usted escoge el nivel de picante)
1 aguacate en rodajas

Procedimiento:

1. Mezcle elcaldo, arroz, cebolla, sal, y sazón de taco en la Crock-Pot engrasada.
2. Cocine en SLOW COOK por 1 ½ horasen temperatura alta - HIGH.
3. Cuando ha finalizado el tiempoañada los frijoles drenados y el chile morrón, y mezcle.
4. Cocine por otros 30 minutos.
5. ¡Cuando esté listo, sirva con salsa y aguacate!

Información Nutricional (⅙ receta):
Calorías totales:346
Proteinas: 12
Carbohidratos: 64
Grasas: 2
Fibra: 14

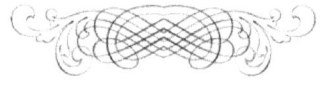

Sopa Minestrone (Cocción a Presión)

Porciones: 8-10

Tiempo para preparar: 6 minutos
Tiempo decocción: 30 minutos
Tiempo para la pasta: 6 minutos
Tiempo en total: 42 minutos

Una sopa clásica italiana, la minestrone es ya una vegana en esencia. Es una gran forma de utilizar vegetales. En esta receta Usted usa judías verdes, tomates, patatas, zucchinni y garbanzos. Como muchas de las recetas que usan el ajuste de cocción a presión, Usted querrá crear un sabor básico al cocinar ajo y cebolla en aceite de oliva antes de añadir los otrosingredientes. Esto profundiza el sabor y lo hace tener un sabor como si llevara más tiempo cocinándose. La pasta va en la sopa *después* de ser liberada la presión, pues la pasta se cuece muy rápido.

Ingredientes:

4 cucharadasde aceite de oliva extra virgen
5 dientes de ajo picados
1 cebolladulce en cubos
6 tazasdecaldovegano
1 tazadejudías verdespicados
2 latas (14.5-onzas) de tomates en cubos
2 patatas picadas
1 zucchinni en cubos
1 lata (15.5-onzas) degarbanzosdrenadas
3 cucharaditas de condimento italiano
Sal al gusto
Pimienta al gusto
1 taza de macaroni de coditos

Procedimiento:

1. Encienda su Crock-Pot en la función BROWN/SAUTÉ y coloque el aceite de oliva.
2. Cocine el ajo y la cebolla hasta que suelten su fragancia.
3. Apague su olla.
4. Vierta el caldo, asegurándose que quede el nivel en o por debajo de la linea de "max" y agregue el resto de losingredientes (*excepto el* macaroni).
5. Mezcle bien.
6. Selle la tapa.
7. Presione el botón de BEANS/CHILI y programe el tiempoa 30 minutos.

8. Cuando ya ha finalizado el tiempo programado, apague la olla y libere la presión de forma rápida.
9. Coloque la pasta seca en la sopa y espere. El calor remanente cocinará la pasta, y cuando ya tenga la textura de su preferencia, estara listo para servir.
10. Pruebe y añada condimento a su gusto.

Información Nutricional (⅛ receta):
Calorías totales:238
Proteinas: 7
Carbohidratos: 34
Grasas: 8
Fibra: 13

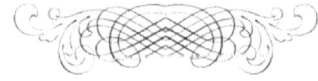

Risotto de Calabacín-Mantequilla + Espinaca (Cocción a Presión)

Porciones: 4-6

Tiempo para preparar: 10 minutos
Tiempo decocción: 5 minutos
Tiempo en total: 15 minutos

Un rico risotto saborizado con ajo, tomillo y nuez moscada, esta recetapuede ser comida ya sea como plato principal o como guarnición. Mucho deltiempo que toma hacer este risotto es realmente sólo la preparación de los ingredientes, al cocinarlos en aceite de oliva para extraer de ellos el máximo sabor. El tiempo real de cocción a presión es de sólo 5minutos. La espinaca es el último ingrediente que se añade, pues el calor es suficiente para marchitar las hojas.

Ingredientes:

2 cucharadasde aceite de oliva extra virgen
4 dientes de ajo picados
4 tazas de calabacín mantequilla cortado en cubos
2 tazas de arroz Arborio seco
¼ tazade vino blanco
4 tazasdecaldoveggie
2 cucharaditas de tomillo seco
2 cucharaditas de sal
2 tazasde espinaca fresca
1 cucharaditade nuez moscada

Procedimiento:

1. Coloque el aceite de oliva en su Crock-Pot y encienda en BROWN/SAUTÉ.
2. Cocine el ajo hasta que suelte su fragancia y comience a dorarse.
3. Saque y emplate por ahora.
4. Coloque el calabacín hasta cubrir.
5. Déjelo ahi, sin mover, durante 4 minutospara que se fría de un lado.
6. Añada elArrozy fríapor 2 minutosaproximadamente.
7. Agregue el vino y espere que casi se haya evaporado para añadir el caldo, tomillo, sal y el ajo que había dejado aparte.
8. Selle la tapa.
9. Presione el botón de BEANS/CHILI y programe el tiempoa 5 minutosa alta presión.
10. Cuando ya ha finalizado el tiempo programado, apague la olla y libere la presión de forma rápida.
11. Agregue la espinaca y mezcle bien el risotto, dejando que el calor remanente cocine las hojas.
12. Sirva con un rocío de nuez moscada.

Información Nutricional (¼ receta):

Calorías totales:431
Proteinas: 8
Carbohidratos: 87
Grasas: 7
Fibra: 3

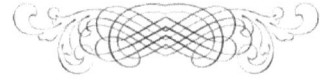

Arroz con Tofu (Cocción Lenta)

<u>Porciones:</u> 4

Tiempo para preparar: 5 minutos
Tiempo de Cocción: 7-9 horas
Tiempo para espesar: 5 minutos
Tiempo en total: 7 horas, 10 minutos – 9 horas, 10 minutos

La versión vegana de arroz con pollo, esta receta sustituye la carne por el tofu. Se cocina en una salsa hecha con los aminoácidos de coco, vinagre de arroz, sustituto de miel, levadura nutritiva, jengibre y sal de ajo. Para guarnición hay zanahoria picada también. Este platose cocina en 7-9 horas a fuego lento, tras lo que la salsa se espesa con almidón de maiz (maicena)¡y se sirve con arroz integral cocido!

<u>Ingredientes:</u>

½ tazade agua
¼ tazadeaminosde coco
½ cucharadade vinagre de arroz
3 cucharadas de miel libre de abejas (sustituto)

3 cucharadas de levadura nutricional
1 cucharaditade jengibre
1 cucharaditade sal de ajo
1 tazade zanahoria picada
14-onzas de tofu extra firme en cubos
2 cucharadasdeaguafría
1 cucharaditade almidón de maiz (maicena)
4 tazasdeArrozintegral cocido

Procedimiento:

1. Mezcle en un tazón elagua, aminos de coco, vinagre de arroz, sustituto de miel, levadura, jengibre y sal de ajo.
2. Engrase su Crock-Pot.
3. Coloque la zanahoria picada en la Crock-Pot, y luego el tofu.
4. Añada encima la salsa y cierre la tapa.
5. Cocine en SLOW COOK por 7-9 horas.
6. Cuando ya ha finalizado el tiempo programado, mezcle el agua fría y el almidón de maiz (maicena).
7. Encienda la Crock-Pot en BROWN/SAUTÉ y bata la mezcla deagua/almidón de maiz (maicena). Póngala en la olla.
8. La salsa espesará.
9. ¡Sirva con el arrozpardo!

Información Nutricional (¼ receta):
Calorías totales:388
Proteinas: 18
Carbohidratos: 67
Grasas: 7
Fibra: 4.5

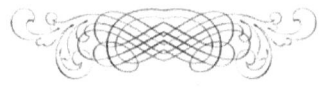

Curry de Coco y Tofu (Cocción a Presión)

Porciones: 4

Tiempo para preparar: 6 minutos
Tiempo decocción: 5 minutos
Tiempo en total: 11 minutos

Una de las mejores maneras de preparar tofu es con una salsa hecha a base de leche entera de coco, mantequilla de cacahuate y polvo de curry. El Tofu es en sí blando en sabor, por lo que es importante una sabrosa salsa. Dicha salsa incluye tambiéncebolla, salsa de tomate y especias. El tiempo de cocción es de sólo 4 minutosen la función de STEAM seguida de una liberación rápida. ¡Toma menos de 15 minutoshacerla!

Ingredientes:

10-onzas de leche entera de coco
2 cucharadasde mantequilla de cacahuate
1 cucharadade polvo suave de curry
1 tazade cebolla picada
8-onzas de salsa de tomate
2 echalotas rodajadas
1 cucharaditade sal
1 cucharaditade cebolla en polvo
½ cucharaditade jengibre
Una pizca de pimienta de cayena (opcional, si usted quiere más picante)
½ tazadecaldo veggie
1 tazade tofu extra firme en cubos

Procedimiento:

1. Para hacer la salsa curry, bata todo, excepto el caldo y tofu, hasta que esté homogeneo.
2. Pruébelo y agregue sazon a su gusto.
3. Engrase su Crock-Pot y coloque el tofu.
4. Agregue el caldo y la salsa.
5. Selle la tapa.
6. Cocine en STEAM por 4 minutos.
7. Cuando ya ha finalizado el tiempo programado, apague la Crock-Pot y libere rápido la presión
8. ¡Sirva!

Información Nutricional (¼ receta):
Calorías totales:237
Proteinas: 5
Carbohidratos: 11
Grasas: 21
Fibra: 1

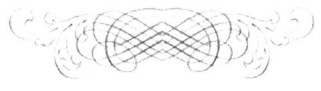

Peras Escalfadas (Cocción a Presión)

Porciones: 6

Tiempo para preparar: 6 minutos
Tiempo de cocción: 4 minutos
Tiempo en total: 10 minutos

Los postres veganos pueden ser engorrosos, y a menudo usan sustitutos bastante costosos. Esta recetaes sencilla y perfecta durante el invierno, cuando es temporada de peras. Cueza a fuego lento jugo de uvas y azúcar para hacer un jarabe, y luego añada las peras untadas con limón. Cocine por sólo 4 minutos, ylibere la presión de forma rápida. Las peras estarán suaves, y el jarabe espeso y dulce. Corone el postre con un toque de canela, nuez moscada y jengibre.

Ingredientes:

5 tazasde jugo de uva blanca
½ tazadeazúcar blanco
6 peras maduras, firmes y peladas
1 limón partido a la mitad
1 cucharaditade canela
½ cucharaditade nuez moscada
¼ cucharaditade jengibre

Procedimiento:

1. Coloque el jugo de uva y el azúcar en su Crock-Pot.
2. Enciendaen la función de BROWN/SAUTÉ.
3. Llévelo a la temperatura más baja (simmer), dejando que el azúcar se disuelva. .
4. Presione el botón de KEEP WARM.
5. Corte un pedazo en la parte de abajo de las peras, de forma que se puedan quedar paradas.
6. Unte la carnaza de la pera con el limón a la mitad.
7. Meta las peras y el limón en la Crock-Pot, y selle la tapa.
8. Presione el botón de STEAM y programe eltiempoa 4 minutos.
9. Cuando ya ha finalizado el tiempo programado, libere rápido la presión.
10. Emplate las oeras, aplicando encima el jarabe.
11. Rocíe las peras con las especias, y ¡Sirva!

Información Nutricional (⅙ receta):

Calorías totales:319

Proteinas: 1

Carbohidratos: 80

Grasas: 0

Fibra: 6

Capítulo 11: Tentempiés + Bocadillos

Usted tiene una reunión que se aproxima, y cada uno quiere un bocadillo o aperitivo. Podría apurarse a una tienda y tomar unade esas comidas procesadas de carne-y-queso pero, ¿porqué no hacer algo más delicioso y asi de fácil?. En la Crock-Pot Usted puede preparar un amplio rango de dips y tentempiés por los que todos preguntarán. Si se presenta algo espontáneo y Usted no tiene tiempo de cocinar toda la noche, la función de olla de presión viene al rescate. Esta sección está llena de estrellas para reuniones como pollo buffalo y dip de queso, y también algunos aperitivos únicos como frijoles pinto con panceta de puerco y champiñones marinados en vino tinto.

Dip de Pollo Buffalo(Cocción Lenta)
Alitas de Pollo Buffalo (Cocción a Presión)
Dip Fácil de Espinaca (Cocción Lenta)
Hummus (Cocción a Presión)
Champiñones al Vino Tinto (Cocción Lenta)
Puerco y Frijoles Pintos (Cocción a Presión)
Dip de Queso (Cocción Lenta)
 Dip Fiestero de Cangrejo (Cocción Lenta)
Albóndigas Agridulces de Pavo (Cocción a Presión)
Arroz Vegano Fácil (Cocción a Presión)

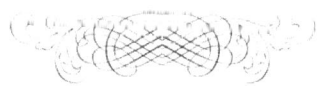

Dip de Pollo Buffalo (Cocción Lenta)

Porciones: 8-10

Tiempo para preparar: 5 minutos
Tiempo decocción: 2 horas
Tiempo en total: 2 horas, 5 minutos

Con un tiempo total de apenas 2 horas y pico, estarecetapara dip de pollo buffalo es perfecta para comerla mientras se mira un gran partido con los amigos. Cremosa, con mucho queso y con aquel inolvidable trocito de queso azul, que esté seguro que habrá amigos que preguntarán cómo lo hizo. Sírvalo con chips de tortilla.

Ingredientes:

16-onzas de queso crema
2 de pollo cocido y desmenuzado
1 tazade salsa picante (hot sauce)
1 tazade aderezo de queso azul (bleu cheese)
1 ½ tazasde queso mozarella rallado

Procedimiento:

1. Engrase su Crock-Pot.
2. Coloque el queso crema y 1 tazade pollo en la olla.
3. Agregue ½ tazade salsa picante y ½ tazade aderezo de queso azul.
4. Agregue el resto del pollo, de la salsa picante y del aderezo, en varias capas.
5. Coronecon mozzarella rallado.
6. Cierre la tapa.

7. Presione el botón de SLOW COOK y cocine a temperatura LOW (BAJA) durante 2 horas.
8. ¡Sirva!

Información Nutricional (⅛ receta):
Calorías totales: 476
Proteinas: 22
Carbohidratos: 7
Grasas: 42
Fibra: 0

Alitas de Pollo Buffalo (Cocción a Presión)

Porciones: 6

Tiempo para preparar: 1 minuto
Tiempo decocción: 10 minutos
Liberación Natural de la Presión: 10 minutos
Tiempo de asar: 5 minutos
Tiempo en total: 26 minutos

¿Necesita un bocadillo rápido o un tentempié para compartir? En sólo menos de 30 minutos, estas alitas de pollo casi no llevan tiempo de preparación, y son grandes en sabor. Usted hace su propia salsa buffalo usando salsa picante y mantequilla, que coloca sobre las alitas que han sido cocinadas a presión por sólo 10 minutos. Para obtener una piel más crujiente, áselas por 5 minutos.

Ingredientes:

1 tazade agua
2 libras de alitas de pollo deshuesadas
¼ tazade salsa picante
¼ tazade mantequilla derretida
¼ cucharaditade paprika
⅛ cucharaditade pimienta de cayena
Sal al gusto
Pimienta al gusto

Procedimiento:

1. Coloqueaguaen su Crock-Pot y meta el cesto para vaporizar.
2. Meta las alitas en el cesto.
3. Selle la tapa.
4. Presione el botón de BEANS/CHILI y programe eltiempoa 10 minutosa alta presión.
5. Cuando ya ha finalizado el tiempo programado, espere la liberación natural de la presión.
6. Mientras sale la presión, mezcle la salsa picante, mantequilla y especias.
7. Pase el pollo a un tazón y vierta la salsa encima.
8. Utilizando tenazas de cocina, voltee las alitas para que queden cubiertas completamente por la salsa.
9. Para un exterior crujiente, mueva a una bandeja y ase en el horno (en broil) por sólo 5 minutos.
10. ¡Sirva con aderezo ranch o bleu cheese!
3.

Información Nutricional (⅙ receta):
Calorías totales:297
Proteinas: 34
Carbohidratos: 0
Grasas: 17
Fibra: 0

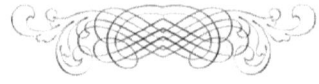

Dip Sencillo de Espinaca (Cocción Lenta)

Porciones: 4-6

Tiempo para preparar: 1 minuto
Tiempo decocción: 2 horas
Tiempo en total: 2 horas, 1 minuto

Incluso la gente que no le gusta la espinaca, ama el dip de espinaca. Eso es gracias a ingredientescomo queso crema y queso rallado. Todos los ingredientesvan en su Crock-Pot y se cocina por 2 horas. Se sazona a su gusto con paprika, pimienta roja en hojuelas, sal, y pimienta.

Ingredientes:

10-onzas de espinaca congelada ya descongelada
8-onzas de queso crema
1 tazade mozzarella rallado
½ tazade parmesano rallado
3 dientes de ajo picados
½ cucharaditade paprika
½ cucharaditade hojuelas de pimienta roja.
Sal al gusto
Pimienta al gusto

Procedimiento:

1. Engrase su Crock-Pot.
2. Coloque todos los ingredientes.
3. Cierre la tapa.
4. Presione el botón de SLOW COOK y cocine en la temperatura de HIGH por 2 horas.
5. Mezcle y pruebe, agregando más sazón si lo considera necesario.
6. ¡Sirva con pan tostado!

Información Nutricional (¼ receta):
Calorías totales:329
Proteinas: 16
Carbohidratos: 4
Grasas: 29
Fibra: 1

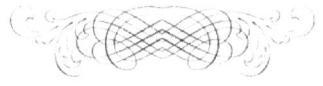

Hummus (Cocción a Presión)

Porciones: 10-12

Tiempo para preparar: 1 minuto
Tiempo decocción: 35 minutos
Liberación Natural de la Presión: 15 minutos
Tiempo de mezcla: 5 minutos
Tiempo para el chili: 2 horas
Tiempo en total: 2 horas, 56 minutos

El Hummus es un plato de la antigüedad, pero le tomó al mundo de occidente aceptarlo realmente. Ahora se puede encontrar en todos los sitios, pero no siempre es el artículo a precio más cómodo. Usted puede prepararlo por si mismo, por mucho menos dinero y en grandes cantidades. Cocine garbanzosy agua a presión con aceite de oliva por sólo 35 minutos, y espere una liberación natural de la presión. A continuación,Usted lo puede hacer puré con tahini (pasta de sésamo), jugo de limón y ajo hasta que obtenga una textura cremosa y homogénea. Puede servir este dip caliente o frío.

Ingredientes:

8 tazasde agua
2 tazas de garbanzos secos
6 cucharadasde aceite de oliva extra virgen
½ taza detahini
6 cucharadasde jugo de limón
5 dientes de ajo picados
Sal al gusto
Una pizcade paprika

Procedimiento:

1. Coloque agua en su Crock-Pot, y añada garbanzos y 2 cucharadasde aceite de oliva.
2. Selle la tapa.
3. Presione el botón de BEANS/CHILI y programe eltiempoa 35 minutosa alta presión.
4. Cuando ya ha finalizado el tiempo programado, espere la liberación natural de la presión.
5. Cuando se pueda abrir la tapa, drene los garbanzos y reserve ½ tazadel líquido.
6. Mueva los garbanzos a un procesador de alimentos y hágalos puré.
7. Añada ½ tazadel liquido de cocción, junto con eltahini, jugo de limón, ajo y sal.
8. Continúe haciéndolo puré hasta que esté bien homogéneo.

9. Mezcle el resto del aceite de oliva y agregue una pizca de paprika, y guarde en un contenedor.
10. Guarde en el refrigerador en envoltura adherente por 2 horas.
11. ¡Sirva!

Información Nutricional (1/10 receta):
Calorías totales:233
Proteinas: 8
Carbohidratos: 26
Grasas: 16
Fibra: 7

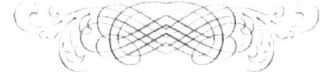

Champiñones en Vino Tinto (Cocción Lenta)

Porciones: 10-12

Tiempo para preparar: 5 minutos
Tiempo decocción: 12 horas
Tiempo en total: 12 horas, 5 minutos

Perfecto como tentempié, bocadillo o cubierta para hamburguesa, estas setas se cocinan por unas largas 12 horasy se infunden totalmente con los sabores del vino, eneldo, ajo y salsa Worcestershire. Podría comer estas setas durante todo el día. Unlote hace suficiente para10-12 personas.

Ingredientes:

4 libras de champiñones blancos
2 tazas de caldo de pollo
1 taza de vino tinto
1 cucharadita de eneldo
1 cucharadita de ajo en polvo
1 cucharadita de salsa Worcestershire
½ taza de mantequilla
Sal al gusto

Procedimiento:

1. Engrase su Crock-Pot.
2. Añada las setas.
3. En un tazón, mezcle el caldo, vino y especias.
4. Añadir hasta arriba la mantequilla.
5. Cerrar la tapa.
6. Presionar el botón de SLOW COOK y cocine en la temperatura más baja durante 12 horas.
7. ¡Disfrute!

Información Nutricional (1/10 receta):
Calorías totales: 140
Proteinas: 6
Carbohidratos: 6
Grasas: 10
Fibra: 2

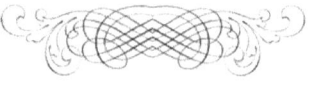

Frijoles Pintos con Cerdo (Cocción a Presión)

Porciones: 6

Tiempo para preparar: 15 minutos
Tiempo decocción: 35 minutos
Liberación Natural de la Presión: 25 minutos
Tiempo en fuego mínimo: 5 minutos
Tiempo en total: 1 hora, 20 minutos

Usted necesita un aperitivo para una reunión de barbacoa, pero no quiere simplemente comprar algo en la abarrotería. Esta receta es perfecta, y convierte frijoles secos en un platillo delicioso y lleno de sabor, en menos de 2 horas. El ingrediente secreto es la panceta de cerdo, que añade sorprendentes capas de sabores deliciosos y grasositos que absorben los frijoles pintos mientras se cocen.

Ingredientes:

1 cucharadade aceite de oliva extra virgen
4-onzas de pancetade cerdo cortada en cubos
1 cebolla cortada en cubos
3 dientes de ajo picados
2 tazas de frijoles pintos, secos
3 tazasde caldo de pollo
15-onzas de tomates enlatados
Sal al gusto
Pimienta al gusto

Procedimiento:

1. Coloque aceite en su Crock-Pot y caliéntela en BROWN/SAUTÉ.
2. Cuando esté caliente, agregue la panceta.
3. Cocine hasta que chisporrotee y se comienze a dorar de las orillas.
4. Añada lacebollay el ajo.
5. Continúe cocinando hasta que lacebollase suavice.

6. Agregue los frijoles y mueva durante otro medio minuto.
7. Agregue el caldo, mezcle y selle la tapa.
8. Presione la función de BEANS/CHILI y programe el tiempo a 35 minutosa alta presión.
9. Cuando ya ha finalizado el tiempo programado, espere que la presión se libere naturalmente.
10. Agregue los tomates.
11. Presione de nuevo el botón de BROWN/SAUTÉ y deje que se espese a la menor temperatura.
12. Cuando el líquido esté espeso, ¡los frijoles estaran listos!
13. Agregue sal y pimienta a su gusto.
4.

Información Nutricional (⅙ receta):
Calorías totales: 233
Proteinas: 9
Carbohidratos: 21
Grasas: 12
Fibra: 5

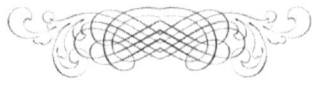

Dip de Queso (Cocción Lenta)

Porciones: 6-8

Tiempo para preparar: 10 minutos
Tiempo decocción: 1 hora, 30 minutos
Tiempo en total: 1 hora, 40 minutos

Cuando preparo tacos para la cena, siempre incluyo este dip de queso como entrada/guarnición. Sabe muchísimo mejor que el comprado comercial, y para una receta de olla de cocimiento lento, es muy corta su preparación. Se cocina de primero la cebolla, ajo y chile verde, hasta que ya no estén crudos, y luego se cocinan a fuego lento los quesos, leche y queso crema durante 1 ½ horasen el ajuste de temperatura baja. Esta cosa es como oro líquido.

Ingredientes:

1 cucharadade aceite de oliva extra virgen
1 cebolla cortada en cubos
3 dientes de ajo picados
4-onzas de chiles verdes drenados y picados
2 ½ tazasde queso Mexicanorallado
½ tazade mozzarella rallado
8-onzas de queso crema
½ tazade leche entera
Sal al gusto

Procedimiento:

1. Presione el botón de BROWN/SAUTÉ en su Crock-Pot y coloque el aceite.
2. Cuando esté caliente, agregue lacebolla, ajo y chiles.
3. Cocine hasta que lacebollase empiece a suavizar.
4. Añada los quesos, queso crema y leche .
5. Mezcle antes de cerrar la tapa.
6. Presione el ajuste de SLOW COOK y programe eltiempoa 1 ½ horasen LOW.
7. Cuando ya ha finalizado el tiempo programado, abra la tapa y mezcle.
8. Si está muy espeso, añada más leche hasta su gusto.
9. Agreguesal al gusto.
10. ¡Sirva!

Información Nutricional (⅙ receta):

Calorías totales:379
Proteinas: 16
Carbohidratos: 7
Grasas: 32
Fibra: 0

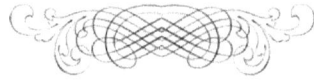

Dip Fiestero de Cangrejo(Cocción Lenta)

Porciones: 6

Tiempo para preparar: 1 minuto
Tiempo decocción: 2 horas
Tiempo en total: 2 horas, 1 minuto

El dip de cangrejo es un bocadillo que he vistoen varios bares deportivos, pero no pensaba que yo misma lo iba a poder hacer hasta que aprendí que en la Crock-Pot es muy fácil, con carne de cangrejo enlatada. Es una opción si Usted está aburrido del acostumbrado pollo o los dips basados en frijoles, y tiene antojo de algún marisco. Todo va de una vez en la Crock-Pot - queso, mayonesa, ajo, jugo de limón, salsa de soja, condimento Old Bay, cangrejo - y se cocina por sólo 2 horasen temperatura baja (LOW). Se mezcla, ¡Y está listo!

Ingredientes:

12-onzas de queso crema
½ tazade parmesano rallado
½ tazade mayonesa
3 dientes de ajo picados

El jugo de un limón
1 cucharada de salsa soja
1 cucharadita de sazonador Old Bay
12-onzas de carne de cangrejo drenada

Procedimiento:

1. Engrase su Crock-Pot.
2. Coloque el queso crema, parmesano, mayonesa, ajo, jugo de limón, salsa de soja, sazonador Old Bay y carne de cangrejo.
3. Mezcle
4. Cierre la tapa.
5. Presione SLOW COOK y cocine por 2 horas en temperatura baja (LOW).
6. Cuando ya ha finalizado el tiempo programado, mezcle de nuevo, y ¡Sirva!

Información Nutricional (⅙ receta):

Calorías totales: 398
Proteinas: 16
Carbohidratos: 3
Grasas: 36
Fibra: 0

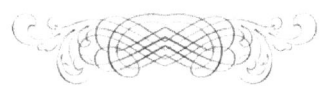

Albóndigas Agridulces de Pavo (Cocción a Presión)

Porciones: 4

Tiempo para preparar: 10 minutos

Tiempo de cocción: 6 minutos
Liberación Natural de la Presión: 6 minutos
Tiempo para la Salsa: 5 minutos
Tiempo en total: 27 minutos

Una de mis cosas favoritas en el mundo es la comida agridulce, y el pavo es una buena carne que se adapta a ese sabor, pues no es muy pesada, y la salsa mantiene húmeda la carne. Las albóndigas son hechas con carne molida de pavo, huevo, cebolla, y miga de pan. ¡Sencillo! La salsa es ketchup, azúcar moreno, arroz, vinagre, piña y jugo de piña, y salsa de soja. Luego de dorar las albóndigas, se cocinan en la salsa por sólo 6 minutos. Para espesar la salsa, se usa almidón de maiz (maicena)después de dejar que la presiónse libere naturalmente.

Ingredientes:

1 librade carne molida de pavo
1 huevo
1 tazade cebolla cortada en cubos
1 tazade miga de pan Panko
½ tazade ketchup
½ tazade azúcar moreno
½ tazade vinagre de arroz
2 tazasde piña en lata con su jugo
2 cucharadasde salsa soja
Sal al gusto
Pimienta al gusto
1 cucharadade aceite de oliva extra virgen
¼ taza deagua
2 cucharadasde almidón de maiz (maicena)

Procedimiento:

1. Mezcle el pavo, huevo, cebolla y miga de pan.

2. Forme albóndigas de 1 pulgada.
3. En un tazón, mezcle la ketchup, azúcar, arroz vinagre, piña y su jugo, salsa soja, sal, y pimienta.
4. Coloque aceite en su Crock-Pot y presione BROWN/SAUTÉ.
5. Coloque las albóndigas y dórelas por todos lados.
6. Agregue la salsa y selle la tapa.
7. Presione la función de BEANS/CHILI y programe el tiempo a 6 minutosa alta presión.
8. Cuando ya ha finalizado el tiempo programado, espere que la presión se libere naturalmente.
9. En un tazón, mezcle agua y el almidón de maiz (maicena)hasta que esté homogeneo.
10. Presione de nuevo BROWN/SAUTÉ en su Crock-Pot y agregue la pasta de almidón.
11. Mezcle hasta que la salsa se ha espesado.
12. ¡Sirva!

Información Nutricional (¼ receta):
Calorías totales:335
Proteinas: 18
Carbohidratos: 49
Grasas: 9
Fibra: 0

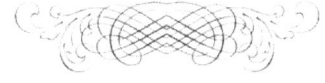

ArrozVegano Fácil (Cocción a Presión)

Porciones: 4-6

Tiempo para preparar: 10 minutos
Tiempo decocción: 3 minutos
Liberación Natural de la Presión: 6 minutos
Tiempo en total: 19 minutos

Todos necesitan una deliciosa guarnición de arroz, fácil, que vaya con cualquier plato. Esta toma menos de media hora, y está llena de vegetales frescos como zanahoria, zucchinni y pimiento morrón (pimentón). Se puede usar también otros vegetales de temporada. ¡El tiempo de coccion es de apenas 3 minutos! Espere la liberación natural de la presiónantes de servir.

Ingredientes:

1 cucharadade aceite de oliva extra virgen
1 cebolla picada
1 pimiento morrón amarillo picado.
1 zanahoria picada
1 zucchini picado
Aguasegún sea necesaria
2 tazasde arrozde grano largo
½ tazade chícharos congelados
Sal al gusto
Pimienta al gusto

Procedimiento:

1. Presione BROWN/SAUTÉ en su Crock-Pot y coloque el aceite.
2. Cuando esté caliente, coloque la cebollay cocine hasta que esté transparente.
3. Tome una taza medidora de 1 litro y coloque el chile morrón, zanahoria y zucchini.
4. Añada suficiente agua hasta llegar a la marca de 3 tazas.
5. Coloque en su Crock-Pot el arroz, chícharos, sal y pimienta.
6. Agregue el contenido de la taza medidora con el agua y vegetales dentro de su Crock-Pot y mezcle.

7. Selle la tapa.
8. Presione la función de STEAM y programe eltiempoa 5 minutosa presión baja.
9. Cuando ya ha finalizado el tiempo programado, espere que la presión se libere naturalmente.
10. Pruebe el arroz y ¡condimente con más salsi lo considera necesario antes de servir!

Información Nutricional (¼ receta):
Calorías totales:429
Proteinas: 9
Carbohidratos: 85
Grasas: 4
Fibra: 1

Capítulo 12: Condimentos

Su Crock-Pot puede ser usada para mucho más que sólo comidas completas, postres, aperitivos o guarniciones. Usted puede hacer también ingredientes para su despensa, como salsa para espaguetti o salsa picante, y condimentos especiales como mermelada de tocino. Cuando Usted hace este tipo de ingredientesen casa, ahorra dinero a largo plazo, *ytambién tiene el total control de lo que éste lleva. Los condimentos comprados llevan muy comunmente el azúcar refinado como un ingrediente, lo que estimula una adicción que todos quisiéramos refrenar. Usando la función de olla de cocimiento lento de su* Crock-Pot, *asi como la de cocción a presión, Usted puede preparar versiones más saludables (y más deliciosas) de estos ingredientes, y nunca tendrá que comprar de nuevo ketchup.*

Salsa para Espaguetti (Cocción Lenta)
Salsa Boloñesa (Cocción a Presión)
Catsup (Ketchup) Hecha en Casa (Cocción Lenta)
Salsa Picante Habanero (Cocción a Presión)
Condimento Relish Serrano (Cocción Lenta)
Cebollas Caramelizadas (Cocción a Presión)
Mermelada de Tocino (Cocción Lenta)
Salsa Barbacoa de Arce-Chipotle (Cocción a Presión)

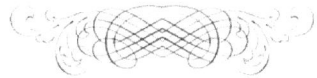

Salsa para Spaguetti (Cocción Lenta)

Porciones: 10

Tiempo para preparar: 1 minuto
Tiempo decocción: 3-4 horas
Tiempo en total: 3 horas, 1 minuto – 4 horas, 1 minuto

Uno de los ingredientes que Usted *siempre* necesita, es la salsa para spaguetti, pero hay tantas marcas de donde escoger. Para una salsa rica, hecha en casa, sin azúcar agregada, no deberá buscar más alla de esta receta. Se puede hacer suficiente salsa como para 10 personas, y fácilmente puede duplicar esa cantidad si quiere hacer bastante de un solo para almacenar en su despensa. Todo lo que Usted necesita son tomates, cebolla, ajo, condimento italiano, sal, ypasta de tomate.

Nota de Cocina: Se puede usar tomates frescos, pero muchos coinciden en que se obtiene un mejor sabor si se usan tomates enlatados de alta calidad.

Ingredientes:

8 tazas de tomates cortados en cubos
1 cebolla grande picada
4 dientes de ajo picados
1 cucharadade condimento italiano
Sal al gusto
1 lata (6-onzas)de pasta de tomate

Procedimiento:

1. Engrase su Crock-Pot.
2. Meta todos los ingredienteshasta la saly cierre la tapa.
3. Cocine en SLOW COOK por 3-4 horasen la temperatura de LOW (BAJA), mezclando una vez cada hora.
4. Cuando ya ha finalizado el tiempo programado, pruebe y agregue más sazón si lo necesita a su criterio.
5. Machaque los tomates si Usted quiere una salsa más homogénea.
6. Agréguele pasta de tomate antes de servir, si Usted quiere una consistencia más espesa.

Información Nutricional (1/10 serving):
Calorías totales:70
Proteinas: 3
Carbohidratos: 14
Grasas: 0
Fibra: 1.7

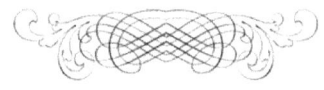

Salsa Boloñesa (Cocción a Presión)

Porciones: 10

Tiempo para preparar: 10 minutos
Tiempo decocción: 15 minutos
Liberación Natural de la Presión: 10 minutos
Tiempo en total: 35 minutos

La salsa boloñesa tradicional toma carne molida simple de res y la transforma totalmente a Italia en un plato. Esta receta lo hace a Usted cocinar algunos aromáticos antes - cebollas y zanahorias - antes de dorar la carne y deglasear con vino blanco. 2 latas de tomates cortados en cubos van en la Crock-Pot, y luego el conjunto se cocina bajo presión durante sólo 15 minutos. Mézclele la crema de lechepara añadir suculencia, ¡y su salsa estará lista para servir!

Ingredientes:

1 cucharada de aceite de oliva extra virgen
1 cebolla rallada
2 zanahorias picadas
2 libras de carne molida
¼ taza de vino blanco seco
2 latas (28-onzas) de tomates cortados en cubos
½ taza crema de leche
Condimento italiano al gusto
Sal al gusto

Procedimiento:

1. Presione la función de BROWN/SAUTÉ en su Crock-Pot y coloque el aceite.
2. Cuando esté caliente, coloque la cebollay zanahorias.
3. Mueva y cocine hasta que se suavicen.
4. Añada la carne y dore.
5. Cuando ya no esté rosada, agregue el vino y cocine por 4 minutos.
6. Añada los tomates y selle la tapa.
7. Presione el botón de BEANS/CHILI y programe el tiempoa 15 minutosa alta presión.
8. Cuando ya ha finalizado el tiempo programado, espere que la presión se libere naturalmente.

9. Cuando se ha ido la presión, abra la tapa y agregue la crema de leche.
10. Pruebe y sazone para que quede a su gusto.
11. ¡La salsa está lista!

Información Nutricional (1/10 serving):
Calorías totales: 207
Proteinas: 21
Carbohidratos: 9
Grasas: 10
Fibra: 2

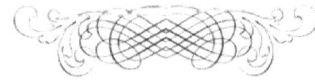

Ketchup hecha en Casa (Cocción Lenta)

Porciones: 48

Hablando de azúcar, la ketchup es uno de los peores condimentos para uno. Es, sin embargo, también uno de los más versátiles. ¿Qué es un hot dog sin ketchup? Afortunadamente, Usted puede hacer la propia usando sólo un poquito de azúcar, y montones de especias como cebolla en polvo, clavo y paprika. Sabe justo como la comprada, e incluso mejora con el tiempo. En el refrigerador dura 10 días, y congelada más de 2 meses.

Nota de Cocina: es mejor iniciar la preparación de esta receta durante la mañana y estar en casa todo el día, pues requiere mezcla constante.

Tiempo para preparar: 1 minuto

Tiempo de Cocción: 10-12 horas
Tiempo de batido: 5 minutos
Tiempo en total: 10 horas, 6 minutos – 12 horas, 6 minutos

Ingredientes:

2 latas (28-onzas) de tomates pelados.
½ taza deagua
¼ tazade azúcar blanco
¾ tazade vinagre blanco
1 cucharaditade cebolla en polvo
½ cucharaditade clavo en polvo
½ cucharaditade ajo en polvo
½ cucharaditade paprika
¼ cucharaditade pimienta negra
⅛ cucharaditade polvo de mostaza
Sal al gusto

Procedimiento:

1. Engrase la Crock-Pot.
2. Añada los tomates y elagua.
3. Agregue las especias y mezcle bien
4. Cierre la tapa.
5. Presione la función de SLOW COOK y cocine por 10-12 horasenBAJO (low), mezclando al menos cada 2 horas.
6. Cuando ya ha finalizado el tiempo programado, hágalo puré hasta que esté homogeneo.
7. Para deshacerse de semillas, páselo por un colador.
8. ¡Manténgalo en un recipiente hermético dentro del refrigerador cuando no lo use!

Información Nutricional (1/48 serving):
Calorías totales:16
Proteinas: 0
Carbohidratos: 4

Grasas: 0
Fibra: 0

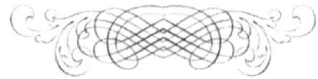

Salsa Picante Habanero (Cocción a Presión)

Hace: 20-onzas de Salsa Picante Habanero

Tiempo para preparar: 5 minutos
Tiempo decocción: 3 mInutos
Liberación Natural de la Presión: 10 minutos
Tiempo de Mezcla: 5 minutos
Tiempo en total: 23 minutos

Los chiles habaneros tienen un ligero sabor dulce en lo profundo de su picante, que es por lo que amo esta salsa. Las zanahorias ralladas y un poco de dulzura en sí, pero no piense que esta salsa *no es* picante. Como referencia, los habaneros son mucho más picantes que los jalapeños. Otros sabores que Usted detectará en esto, además del ahumado de los pimientos rojos asados, son la acidez del vinagre blanco, vinagre de sidra de manzana y jugo de limón. ¡Esta salsa va con todo!

Ingredientes:

1 librade chiles habaneros
¼ tazade zanahoria rallada
3 cucharaditas de ajo molido
1 pimiento rojo asado, picado
1 tazade vinagre blanco

⅛ taza de vinagre de manzana
⅛ taza de jugo de limón
½ taza de agua
1 cucharada de sal

Procedimiento:

1. Corte las puntas de los chiles y pique cada uno en tres partes.
2. Colóquelos en su Crock-Pot.
3. Añada el resto de los ingredientes.
4. Selle la tapa.
5. Presione la función de STEAM y programe el tiempo a 3 minutos.
6. Cuando ya ha finalizado el tiempo programado, espere que la presión salga naturalmente.
7. Abra cuidadosamente la tapadera, para que enfríe el contenido, evitando los vapores del chile.
8. Cuando esté frío, bata hasta que esté homogéneo.
9. Colóquelo en botellas.
10. ¡Conserve en el refrigerador cuando no lo use!

Información Nutricional (1 onzas serving):
Calorías totales: 92
Proteínas: 5
Carbohidratos: 24
Grasas: 0
Fibra: 0

Condimento Relish Serrano (Cocción Lenta)

Hace: 3 tazas

Tiempo para preparar: 5 minutos
Tiempo de cocción: 3-4 horas
Tiempo de procesadora: 5 minutos
Tiempo en total: 3 horas, 10 minutos – 4 horas, 10 minutos

La salsa estilo Relish es un condimento versátil que puede ir con todo, desde hot dogs (perros calientes) hasta pollo. Lo que me gusta de esta receta es que es tanto picante como dulce. La buena comida tiene más de un perfil de sabor al mismo tiempo. Los chiles Serranos son más sabrosos que los jalapeños, con una mordida de picor. Eso se madura con la coccion, y endulzado con azúcar.

Nota de Cocina: para almacenar, mantenga la salsa relish en el refrigerador por hasta 2 semanas.

Ingredientes:

1 cebolladulce grande
30 chilesserranos
2 pimiento morrón verde (pimentón)
1 tazade vinagre de manzana
½ tazade azúcar blanco
1 cucharaditade sal

Procedimiento:

1. Pele y rodaje la cebolla en mitad.
2. Remueva el tallo de todos los chilesy del pimiento morrón (pimentón).
3. Piquepimiento morrón (pimentón), y deje los chiles serranos enteros.
4. Revuelva la cebolla, chiles y morrón entre su Crock-Pot.
5. Agregue el vinagre de manzana, azúcar y sal.
6. Cierre la tapa.

7. Presione el ajuste de SLOW COOK y cocine en HIGH (ALTO) por 3-4 horas.
8. Cuando ya ha finalizado el tiempo programado, abra la tapa y pase el contenido a un procesador de alimentos.
9. Bátalo en el procesador hasta que tenga la consistencia que Usted desea.

Información Nutricional (½ taza serving):
Calorías totales: 93
Proteinas: 2
Carbohidratos: 23
Grasas: 0
Fibra: 1.6

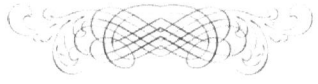

Cebollas Caramelizadss (Cocción a Presión)

Hace: 3 tazas

Tiempo para preparar: 10 minutos
Tiempo decocción: 20 minutos
Liberación Natural de la Presión: 5 minutos
Tiempo adicional: 10 minutos
Tiempo en total: 45 minutos

Dulces y pegajosas, cebollas coloreadas de caramelo, son fantásticas encima de casi todo, desde hamburguesas hasta pechugas de pollo o chuletas de marrano. Usted pensará en ellas como un "condimento" tradicional, pero después que Usted mismo las haya hecho en la función de cocción a presión de la

Multi-Cooker, entenderá porqué estan aquí. Si no se las come todas de una vez, se pueden conservar hasta por 10 días en el refrigerador.

Nota de Cocina: el polvo de hornear ayuda a activar el proceso que imparte esa calidad pegajosa y caramelizada a las cebollas cocinadas.

Ingredientes:

2 libras de cebollas dulces peladas y rodajadas finamente.
½ cucharaditade polvo de hornear.
6 cucharadasde mantequilla
Sal al gusto
Pimienta al gusto

Procedimiento:

1. Engrase su Crock-Pot.
2. En un tazón mezcle las cebollas y el polvo de hornear.
3. Encienda su en la función de BROWN/SAUTÉ y coloque la mantequilla.
4. Cuando se haya derretido, agregue las cebollas.
5. Mueva hasta que las cebollas se comiencen a suavizar.
6. Sazone y selle la tapa.
7. Presione la función de BEANS/CHILI y programe el tiempoa 20 minutosa alta presión.
8. Cuando ya ha finalizado el tiempo programado, espere 5 minutos, y luego libere rápidamente la presión.
9. Coloque su Crock-Pot de nuevo en la función de BROWN/SAUTÉ y mueva hasta que el líquido de cocción se haya reducido.
10. ¡Las cebollas deberían estar de color marrón profundo y caramelizadas!

Información Nutricional (½ taza serving):

Calorías totales:150
Proteinas: 1
Carbohidratos: 11
Grasas: 12
Fibra: 2.6

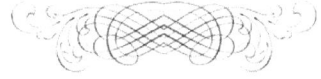

Mermelada de Tocino (Cocción Lenta)

Porciones: 8

Tiempo para preparar: 15 minutos
Tiempo decocción: 4 horas
Tiempo en procesadora 5 minutos
Tiempo en total: 4 horas, 20 minutos

Ha sido considerado desde siempre un condimento "gourmet", la mermelada de tocino es de hecho realmente fácil y accesible para que Usted mismo la haga. Es preparada con fantásticamente ricos, profundos, salados, dulces y ahumados sabores que van realmente bien con hamburguesas, en patatas machacadas (puré de papa), y en platillos de pasta. Cada ingrediente juega un papel en la realización de ese perfil de sabor. Tome nota que esta receta es realmente extraña, en la que Usted cocina todo el tiempo *sin la tapadera colocada*.

Ingredientes:

1 librade tocino picado

2 cebollas rojas picadas
3 dientes de ajo picados
3 cucharadasde azúcar moreno
¾ tazade café preparado
4 cucharadasde jarabe puro de arce
½ tazade vinagre de sidra de manzana
1 cucharadade vinagre balsámico

Procedimiento:

1. Encienda su Crock-Pot en BROWN/SAUTÉ ycoloque el tocino.
2. Fría hasta que se dore y comience a estar crujiente.
3. Remueva y emplate sobre una toalla de papel por ahora.
4. Coloquecebollas y ajo en su Crock-Pot con la grasa que quedó del tocino, ylas cebollas se pongan transparentes.
5. Agregue y mezcle el azúcar, café, jarabe de arce y vinagre de manzana, y deglasee, raspando para remover pequeños pedacitos que hayan quedado en el fondo.
6. Cuando esté hirviendo, regrese el tocino a la Crock-Pot y mezcle
7. *No*cierre la tapa, pero si cocine en SLOW COOK por 4 horasen HIGH.
8. Cuando la mermelada se ha puesto más espesa y almibarada, agregue el vinagre balsámico.
9. Páselo por una procesadora de alimentos, hasta que adquiera la consistencia que Usted desee.
10. ¡Está listo!

Información Nutricional (⅛ serving):
Calorías totales:301
Proteínas: 16
Carbohidratos: 13
Grasas: 22
Fibra: 0

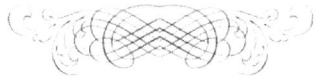

Salsa Barbacoa de Arce-Chipotle (Cocción a Presión)

Hace: 2 ½ tazas

Tiempo para preparar: 15 minutos
Tiempo decocción: 10 minutos
Tiempo de procesador: 5 minutos
Tiempo en total: 30 minutos

Hay incontables salsas de barbacoa por ahi, y varían ampliamente en calidad. El hacer la propia es más fácil y a menudo más saludable, pues Usted controla quéingredientes lleva. Para una salsa rápida pero deliciosa, Usted usa la función de cocción a presión de su Multi-Cooker. Gracias al chipotle en polvo, la salsa obtiene un sabor a ahumado que usualmente sólo se obtiene tras largos tiempos de cocción. El jarabe de arce y las ciruelas pasa agregan la dulzura, mientras la acidez se obtiene de una porción saludable de vinagre de sidra de manzana.

Ingredientes:

1 cucharadade aceite de oliva extra virgen
1 cebolla picada
½ tazade agua
½ tazade puré de tomate
4 cucharadasde jarabe de arce
4 cucharadasde vinagre de manzana
1 cucharaditate sal
½ cucharaditate ajo molido
1 cucharaditate salsa picante
1 cucharaditate chipotle en polvo

¼ cucharadita de comino
¾ taza de ciruela pasa

Procedimiento:

1. Encienda su Crock-Pot en BROWN/SAUTÉ.
2. Coloque el aceite.
3. Cuando esté caliente, agregue la cebolla y cocine hasta que comience a dorarse.
4. Apague la Crock-Pot.
5. Coloque el agua, puré de tomate, jarabe de arce y vinagre.
6. Añada la sal, ajo, salsa picante, chipotle, y comino.
7. Mezcle hasta que el puré de tomate y el jarabe de arce se hayan disuelto.
8. Añada las ciruelas y selle la tapa.
9. Encienda en la función de BEANS/CHILI y programe el tiempo a 10 minutos a alta presión.
10. Cuando ya ha finalizado el tiempo programado, libere rápido la presión.
11. Use un procesador de alimentos o una batidora de inmersión para obtener la textura de salsa de Barbacoa que Usted necesite.
12. Para obtener el mejor sabor, deje en el refrigerador, en un recipiente hermético, durante toda la noche, para que los sabores realmente se mezclen.

Información Nutricional (½ taza serving):
Calorías totales: 150
Proteinas: 1
Carbohidratos: 30
Grasas: 3
Fibra: 2

Epílogo

No hay nada como la sensación de hacer una buena comida para los seres queridos. Es mi lenguaje de amor, y sé que muchos de ustedes hablan el mismo idioma. Tristemente, la vida se ha vuelto caótica y se vuelve difícil encontrar el tiempo para cocinar. Por eso es que estos electrodomésticos como la Express Multi-Cooker son tan valiosos: hacen más cómodo el cocinar.

En este libro Usted ha aprendido todo sobre la Multi-Cooker, y cómo es que es distinta de otros aparatos. Además de la función de bajo-y-lento que ha definido a la marcaCrock-Pot por años, es también una olla a presión. Eso significa que las comidas estarán listas mucho más rápido y conservarán mejor los nutrientes, que son las mejores noticias para personas que quieren dejar el hábito de la comida-rápida chatarra. La versatilidad de la The Multi-Cooker hace que Usted pueda cocinar casi cualquier tipo de comida, como las porciones en el libro de recetas han demostrado. Había platos de pollo, asados buenos para el corazón, deliciosos mariscos y pescados, y postres. Incluso hay un manojo de condimentos que se puede preparar en la olla, como ketchup y relish, para que Usted ahorre dinero y disfrute de una versión mucho más saludable de la que pueda hallar en la tienda.

Mi meta con este libro era proveer información e inspiración en recetas para todos. Lo que amo de cocinar es que siempre hay algo nuevo que aprender, y nuevos sabores qué experimentar. ¡Ojalá Usted haya aprendido y experimentado algo nuevo!

www.ingramcontent.com/pod-product-compliance
Lightning Source LLC
Chambersburg PA
CBHW071959070526
44583CB00015B/1261